如何与
班主任沟通

何捷老师写给家长的42堂沟通课

何捷◎著

海峡出版发行集团 | 海峡文艺出版社

图书在版编目(CIP)数据

如何与班主任沟通:何捷老师写给家长的42堂沟通课/何捷著.—福州:海峡文艺出版社,2020.5 (2024.8重印)

ISBN 978-7-5550-2222-0

Ⅰ.①如… Ⅱ.①何… Ⅲ.①班主任工作 Ⅳ.①G451.6

中国版本图书馆 CIP 数据核字(2020)第 052121 号

如何与班主任沟通
——何捷老师写给家长的42堂沟通课

何　捷　著

出 版 人　林　滨
责任编辑　林可莘
出版发行　海峡文艺出版社
经　　销　福建新华发行(集团)有限责任公司
社　　址　福州市东水路76号14层
发 行 部　0591－87536797
印　　刷　文畅阁印刷有限公司
地　　址　河北省保定市高碑店市合作路南侧11号
开　　本　720毫米×1000毫米　1/16
字　　数　146千字
印　　张　13.75
版　　次　2020年5月第1版
印　　次　2024年8月第10次印刷
书　　号　ISBN 978-7-5550-2222-0
定　　价　38.00元

如发现印装质量问题,请寄承印厂调换

序：真正的成熟就是长成自己期待的样子

张文质

一

我的朋友，著名语文教师何捷，嘱托我给他的新书写一篇序。想起何捷，我的眼前就会浮现出一个非常有喜感的卡通人物形象。

2000年左右，我第一次见何捷的时候，他可不是现在这个样子——那时候的他真是一个英俊少年。

当时《教育之窗》的教学节目经常邀请我客串访谈嘉宾、主持人。有一次，他们策划了一个校园管理的节目，那期嘉宾请到了何捷，这是我第一次见到他。

那天的话题是"小朋友能不能把篮球带到学校"以及"能不能在课间玩篮球"。当时是怎么谈的，我已忘记了，但是何捷给我留下了深刻的印象。我觉得我终于见到了一个非常机灵的福州老师——我这么说不知道会不会被福州的老师们"黑"，但在我的印象里面，福州老师更多是比较内敛本分、小心翼翼的。这是福州文化比较压抑的一点。

但何捷似乎不受此影响，他不在意这些。

二

过了几年，我听说何捷的作文课上得相当了得。当时我在编一本教育杂志，每年也会组织一些大型的教研活动。有一次组织作文教学研讨会，我对编辑部的同仁说，可以邀请何捷来上课。

当然，我也是带着一点好奇心的，想知道这几年他到底长进了多少，是不是"浪得虚名"。

这是我第二次见到何捷，他已经胖了不少；也有点麦当劳叔叔的特征——M型的发式很是显眼。他肯定也敏锐地发现了这一点，所以上课的时候，先从自己的发型说起。那堂课讲得妙趣横生，我看到一个除了机灵以外又特别风趣的何捷。

那天跟我一起评课的，是福建师大的余岱宗博士。余岱宗博士是福建师大文学院著名教授、博士生导师孙绍振的大弟子。他继承了他导师的一些风范，其中一点就是评课评得比较犀利。

我相信无论在哪一个行业，刚出道的人，总是希望听到一些鼓励的话。但是当时余老师说了一些提醒式的话，关于何捷的风趣感的。后来何捷跟我说，他那天有点失落，因为余老师对他的评价不高。

这是他的一个错觉，其实余老师对何捷的课是相当看好的，同时他更看好何捷这个人。当时余老师跟我聊的一个话题里，有一个意味深远的、在何捷那个年龄可能不大能理解的思考——幽默是属于中老年人的事业，如果一个人在特别年轻的时候显得很风趣幽默，而且过分地致力于这种风趣幽默，就会显得有点油滑。

其实余老师是想从这一方面给何捷一些提醒的，但可能是智慧的话语表达得比较含蓄，让何捷有点沮丧。

三

又过了好多年，何捷的名声越来越大了。

我从很多朋友那里听到了关于何捷的消息，到处上课，好评如潮，但我们见面的次数确实并不多，我也较少看到何捷写的有关教育的文章。倒是有不少老师跟我说，何捷经常提到我，说我是他的导师，这让我有点不安，我真的觉得没有指导过他什么。

当然，我一直对他很欣赏，也很关注，时常在微信朋友圈里面提到他。

有一天，我在福州机场又见到了何捷，这个时候，他已经长成中年人该有的成熟的模样了。那天我们聊教育的话题，他问我，他已经调到了一个教研机构，接着应该做什么？

我说："应该建一个公众号，把你身边这些追随你、向你学习、受你影响的人团结起来。"我还提出，他要有自己真正的弟子。何捷说要实现这一点，是比较难的，真正的弟子，是可遇不可求的。

之后，我一直关注他的公众号，关注他的课堂教学研究，更关注他在福州开展的公益性教研活动。我发现他不时有惊人之举，这种惊人之举表现在：

首先，他所开展的语文教研活动是非常有计划性的、是有的放矢的、是胸有成竹的。也就是说，他要做什么事，显然是经过反复思量的，有一种目标感。这种目标感给我的启示是，何捷作为一个语文教师，作为一个教研员，作为一个团队的领袖有一种研究的自觉，这种研究的自觉会使人变得更有力量。

其次，何捷开始真正形成了自己的一个读书、研究、写作紧密结合的学术团队。有一批年轻的教师，真正成为他这个团队的成员。他曾经邀请我给他的团队成员做过一次座谈式的分享，这些年轻人的精神面貌给我留下了非常深的印象。

第三，他从在全国各地大量上课的名师——我称之为带有"教育艺人"色彩的名师，逐渐转型为专注的研究者和写作者。同时，我还惊喜地发现他是一个非常勤奋的人，他的写作状态在当下老师里面是非常少见的。

他似乎一直在读书和写作，积攒了大量的作品。某出版社的总编也跟我说过，很多的选题，在和何捷探讨的时候，何捷都告诉他："我已经有作品了。"这个总编开始还有些不太相信，但是，当看到他的作品时，发现他确实都准备好了。

四

我们常常说："机会总是留给有准备的人。"这句话被人说得多了，显得没分量，但当你在现实生活中真看到了这样的人，还是会惊讶的。何捷就是这么沉稳而未雨绸缪的一个人，他的工作有计划、有目标、有步骤，教育公众号、抖音和其他传播视频，都做得很好，有非常强的传播力和影响力。

在专业方面，何捷从原来仅对作文的研究，延伸向了更多的领域。比如我想向大家推荐的这部书。看到书稿，我是非常高兴的，因为他所研究的这个命题，恰好是我在做家庭教育讲座的时候，学生父母咨询最多的。怎么才能既保证专业性，又能真正地帮助学生父母实现和班主任的有效沟通？怎么合力解决家庭教育中那些非常棘手，甚至是千奇百怪的问题？这些显然不是能够轻易靠经验解答的。看得出来，何捷在这方面的研究是下了苦功的。

还有一点让我很欣赏的是，何捷的文章很有对象感。所谓的对象感就是他很清楚为谁而写作。比如给小朋友写，就写得趣味盎然，生动活泼；为学生的家长写，就写得通俗易懂，简明扼要，三言两语就把枯燥的问题说得非常清楚明白，让家长可以得到有效的帮助。

我们写作一般都有自己的某种习惯，或者说自己的固定风格。但是何捷能真正放下身段，在写的时候始终"目中有人"——这个人是很具体的，这不是轻而易举就能做到的。还有一点，看上去通俗明了的文字，你可能会以为这是最容易的，其实不尽然。我经常有这么一个思考，就是在指导小学生写作文的时候，你千万不要把"朴素自然"看成一个很低的要求，其实"朴素自然""流畅""简洁明了"，这些都是一种写作成熟的艺术表现，是语言老练的另一种说法。能达到此种境界，本身就是一种长期训练的结果，何捷在这方面，明显有自己的心得。

回到这部书。我觉得教育写作跟文学写作有不一样的地方。教育写作往往有更强的目的性，这种目的性体现在为写作对象服务上。在这种目的性的引导下，我们很多的研究内容会更加细化、具体化、多样化。

教育生活中，对学生而言，对老师而言，对学生父母而言，都有多方面的需求，多方面的需求往往会成为具体的写作对象。那么，从书的畅销的角度来谈这个问题，就是写作者如果抓住了某些"痛点""痒点"，你的写作就会带有巨大力量，说不定，这样的书就是最为读者所喜爱的。

所以，我对何捷的这本作品，怀有美好的期待！

自序：和班主任沟通，不是技术是艺术

和班主任沟通，不是技术是艺术。

看一段简历再说——

何捷，连续二十二年担任小学班主任。其间，因为教学方式富有特色，曾三次连任六年级"乱班"班主任，人送外号"救火队长"。

看了以上这段简历，阅读这本书时，您会更有信心一点吗？再看下一段。

此书出版时，我的儿子应该小学毕业了。非常幸运的是我的外甥女和儿子同岁，相差五天出生，就读同一所学校、同一个年级。外甥女小学期间都生活在我们家，她与我的儿子一同长大。两个孩子都担任班长，都很健康、快乐。

看这部书再说——

父母应如何与孩子的班主任进行沟通？这绝对是困扰中国父母的一个难题。自从孩子进入学校之后，"如何和班主任取得良好的沟通"可以说是影响每一个中国家庭的重要话题。和班主任沟通好，小孩发展顺利，全家幸福感很高。相反，没有和班主任取得有效沟通，或者沟通不顺畅，甚至在沟通过程中又产生新的问题与麻烦，还造成了孩子的心理阴影，也许一家人的生活都会被影响。所以我们有必要跟中国父母聊一聊：

爸爸妈妈们，你们该怎样和班主任沟通呢？

为什么这个话题由我来写特别合适呢？看了之前的"简历"您应该明白。首先，我是一个父亲，我也有孩子，我需要与孩子的班主任沟通，我从一个家长的角度,知道该如何跟班主任进行沟通。其次,我是一名教师,本身就是一个班主任,我知道班主任和父母沟通时的心态。"简历"中有一些关键词,希望引起大家的关注。第一个关键词叫"二十二年"。你想想,一项工作,连续做了二十二年,积累了多少经验?在这二十二年中,我遇到过形形色色的父母,经历过各种各样的沟通。第二个关键词叫"持续不断"。有的人担任了很久的班主任,但是在这个过程中有间断。而我,二十二年持续不间断,至少了解三种不同教育形态中的家校沟通。第一种就是大家回忆中比较痛苦的,叫作应试教育。在那个年代,父母和班主任的沟通方式非常简单,沟通的内容就是学习。讲来讲去就是:"老师,我的孩子学习怎么样?""老师,我的孩子学习如何提高?""老师,我的孩子成绩差了该怎么办?"沟通时,听班主任讲话很重要,父母的态度就是唯命是从。沟通的目的是什么呢?目的只有一个词,叫作配合。所以在那个年代,沟通是非常简单的,你去找班主任,听他训话,回来按他说的办,教育好孩子,不就完了吗?在那个年代,沟通就是无事不登三宝殿的被迫之举。后来,到了素质教育时代,这时候沟通就开始变化了,沟通成为一种技术。为什么这么说?因为到了素质教育时代,家长跟老师沟通的内容开始多元化:开始围绕孩子在校的各种表现、能力的发展、素养的形成,沟通的内容越丰富,沟通的方式、方法产生了变化,沟通的态度也在悄然发生改变。这个阶段,很少看见唯命是从的家长,我们发现与家长之间的沟通变得更加民主、平等与自由。第三个阶段就是今天的课程改革时代,这个时代对人的发展有要求、对学校的教育有要求、对人的未来能力取向也有要求,沟通方式自然也不一样了。首先,父母对学校教育的要求不同了;其次,父母对孩子成长的看法不一样了;最后,父母对孩子未来的规划也产生了变化。在这么多的变化中,班主任如何能确保自家孩子成长呢?父母为了孩子成长,如何跟班主任沟通呢?许许多多问题促进沟通方式的变化。因此,我们认为,这个时代的沟通可以说是一种艺术。

不能忽视的是，沟通还将带来三类影响。

首先，父母和班主任沟通的各种信息、结果，都将直接影响到孩子的情绪。如今的孩子非常敏感，会从很多细节中感受到环境的变化、问题的产生。其次，父母沟通后，也将影响着自己的情绪、生活。相信有沟通经验的父母都有这样的体会：一次愉快的沟通会带来一段愉快的体验，而不愉快的沟通反而会影响原本愉快的心情。最后，沟通也会影响班主任。工作中，班主任是专业执教人员，但在生活中，他们也是有平凡生活的普通人。当父母与班主任取得良好的沟通时，会帮助班主任更好地开展班级工作，良性的沟通促进了教学工作，也会使班主任有更多的精力去关注每一个孩子的发展。

所以，在这个时代和班主任沟通之前，父母应该做足功课，而这个功课由我来跟大家讲非常合适——我是一个父亲，也是一个班主任。也许你会想：你不就凭自己的二十多年的经验来说嘛。不！为了分享这个话题，我做了非常多的准备工作。

首先，我做了很多的访谈。访谈的对象有父母，也有班主任。我会问大家："跟班主任沟通时有没有发生什么故事？"我会希望对方把故事跟我分享；我会咨询："与班主任沟通有没有什么方法？有没有什么技巧？"如果有，我希望对方将方法技巧告诉我。我还会特地问："你跟班主任沟通中有没有什么失败的经历？"注意，我很善于从失败的经历中去总结、反思，以规避失败！此外，我最擅长的是向大家取经。取经的时候，我还区分了不同的年龄层，例如：我会采访一些很年轻的班主任，他们其实是各位家长的晚辈。我会去观察年轻的班主任如何与家长沟通；和年轻班主任沟通时，父母该注意些什么。我也会采访一些中年班主任。他们和各位爸妈是同龄人，同龄人之间的沟通会是什么样的呢？还有一类，那就是临退休前的老班主任、资深班主任、经验丰富的班主任。他们以长辈的姿态跟年轻的父母沟通，又会是怎样的状态呢？沟通时双方的感受是什么呢？三个年龄层的班主任，不同的心态、不同的沟通经验、不同的沟通故事、不同的沟通方法，我将为大家做全面的了解、梳理。此外，我还借助自己参加各种全国班主任工作研讨的机会，向全国优秀的班主任学习，学习他们先进的经验，学习他们的典型案例，学习他们的沟通技巧。这部书大致可以提供以下几个版块的沟通经验：

第一，如何做好自我介绍。这是你们沟通的第一课。

第二，如何向班主任了解孩子的学习情况。这是沟通的重要话题。

第三，如何在沟通中提出要求呢？在这个时代，提出要求是很讲究的。

第四，如何处理纠纷？孩子在学校难免会遇到一些问题，通过沟通处理这些棘手的问题有技巧。

第五，如何成为朋友？沟通得多了，父母跟班主任就会成为朋友。成为朋友后又将如何保持沟通呢？

最后，如何挽救失败的沟通？万一沟通失败了，该怎么挽救？我们也会有一些应急措施和大家分享。

读这部书，就是希望沟通能带来生活的便利，带来生活的改变。希望读后大家更加幸福，小孩的发展更加顺利！

目录 CONTENTS

第一章　沟通的意义初识

第1课	非要和班主任沟通吗	/ 003
第2课	沟通总是被拒绝，我该怎么办	/ 007
第3课	和班主任电话沟通，有讲究	/ 012
第4课	见面聊，面对面沟通最好	/ 017
第5课	有了微信，沟通就不同啦	/ 022
第6课	用书信温暖这个时代吧	/ 027
第7课	和班主任沟通的四大忌讳	/ 032
第8课	沟通中，要不要给班主任送礼	/ 037

第二章　沟通的基本介绍

第9课	如何介绍自家小孩的优缺点	/ 043
第10课	聊小孩，沟通中要关注细节的力量	/ 048
第11课	如何介绍"另一半"	/ 053
第12课	介绍好家庭中的"教育力量"	/ 057

第三章　沟通的内容要义

第13课　沟通中，何时了解学习情况为好　　　/ 065
第14课　沟通中，如何了解课堂学习情况　　　/ 069
第15课　除了发问，还可以如何沟通　　　　　/ 073
第16课　沟通学情后，父母要做什么　　　　　/ 077
第17课　考试成绩这个敏感话题如何沟通　　　/ 082
第18课　如何与班主任聊作业情况　　　　　　/ 086
第19课　如何提出"调整座位"的要求　　　　 / 091
第20课　如何提出"课堂关照"的要求　　　　 / 096
第21课　如何提出"难以开口"的要求　　　　 / 101
第22课　如何提出"外出实践"的要求　　　　 / 106
第23课　如何提出"当班干部"的要求　　　　 / 110

第四章　沟通的特情处理

第24课　在处理纠纷的沟通之前，该做些什么　　　/ 117
第25课　小孩之间有纠纷，双方父母如何沟通　　　/ 122
第26课　处理纠纷，一次沟通够吗　　　　　　　　/ 126
第27课　与班主任沟通的信息，如何与小孩交流　　/ 130

第28课	家人生气时，适合去沟通吗	/ 135
第29课	沟通，让老长辈出面合适吗	/ 139
第30课	沟通时，小孩要在场吗	/ 143
第31课	对班主任的意见不满意，如何再沟通	/ 147

第五章　沟通的友谊助建

第32课	沟通后，能和班主任成为朋友吗	/ 155
第33课	请老师吃饭，是好的沟通方式吗	/ 159
第34课	友情，需要沟通来维系吗	/ 163
第35课	换班了，怎么和新班主任沟通	/ 168

第六章　沟通的危机化解

第36课	不欢而散的沟通，从何而来	/ 175
第37课	没大没小的沟通，谁受伤害	/ 179
第38课	片面武断的沟通，原因何在	/ 183
第39课	父母一方沟通失败，该怎么办	/ 188
第40课	和事佬代为沟通，有用吗	/ 192
第41课	最失败的，是不沟通	/ 196
第42课	毕业了，我们还要保持沟通哦	/ 200

第一章
沟通的意义初识

第1课
非要和班主任沟通吗

如何与班主任沟通呢？这看上去不是个问题，但其实，里头有大学问。这本书，就是和大家聊聊"与班主任沟通"的方法。

第一个话题叫：非要和班主任沟通吗？

答案是肯定的，就一个字：要！一定要和班主任沟通！为什么呢？和班主任沟通，具有四种功能：

第一种功能，和班主任沟通是一种表态。表什么态呢？父母和班主任沟通，表达的是一种"我们合作吧"的心声，这就是亮出合作的状态。父母可以想一想：跟班主任沟通，班主任就可能和父母一起合作，产生教育中特殊的力量——家校合力。合力产生，对谁最有利？那不就是你家的孩子吗？这个所谓的"好处"，就是孩子得到更多的关照，得到更有针对性的教育，有益于父母与班主任双方的合作。一句话，有利于孩子健康地成长。所以沟通，首先是一种表态——来合作吧。

第二种功能，和班主任沟通是一种致谢。老师教育了我们家的孩子，老师帮助了我们孩子成长，我们是不是要好好地跟老师说声谢谢，是不是要真诚地、面对面地、直接地表达我们的谢意呢？沟通就是一种致谢，至少是给了父母表达谢意的机会。

第三种功能，沟通还是一种交代。交代什么呢？很简单——请多关照。有人认为这是不合理的，怎么能关照我的孩子，难道是要我去走后门吗？不要误会！先要认清，老师和家长的合作关系是"一对多"的格局。有的时候父母会有抱怨，说："啊，老师你怎么这么对我的孩子，为什么对他不够关心？为什么你老是忽视我的孩子？"或者说，父母会从一些很细致的地方去判断老师是不是喜欢我的孩子。例如：为什么我的孩子举手的时候，老师都没有叫他发言？为什么我的孩子做了好事，老师都没有发现？为什么我的孩子有进步，老师没有表扬？为什么……注意！因为老师是"一对多"，很可能因为繁忙而忽视，请你一定谅解！换做任何一个人担任老师，也无法周全。那么，此时，和班主任沟通，应该说就是一种交代——交代老师，请老师多多关照。因为此时父母已经表态：我们是很在意孩子成长的，我们很用心、很认真、很有诚意。

第四种功能，沟通是一种预期。其实，跟班主任沟通，你将预期一份友谊的开始。对于这个问题，我有非常深的体会，在一线执教的二十多年中，我和家长们几乎都成为朋友。在我的人生中，多次得到这些好朋友的帮助。甚至是我执教的小孩毕业以后，各位父母依然给予我无微不至的关心。记忆最深的是，我的儿子出生时，遇到"心跳过缓"的问题。在我们束手无策的时候，一位之前常常沟通的家长，给了我们极大的帮助。瞧，沟通，将会酝酿一份老师与家长之间的美好友谊！

沟通，是一种状态，是一份致谢，是一份交代，是一个美好的预期。

你还不去跟班主任沟通吗?

既然一定要和班主任沟通,那么一个学期中,我们大概要沟通几次呢?要给出具体数字,很难,也不合理。再次提醒各位父母:老师和家长沟通,是"一对多"的格局,班主任的精力真的无法顾及,无法频繁地和父母沟通。于是,在次数的设定上,作为父母应该有所设计:

首先,学期初要跟老师沟通一次。这一次的沟通,主要是双方互换信息,表达一种"保持联系,建立互信"关系的愿望。这是在学期初最重要的、不可或缺的一次沟通。

如果可以,期末还要进行一次沟通。一个学期结束了,父母主动和老师沟通,了解小孩在整个学期中的表现,找到提升的空间;梳理学期中发展与变化的脉络,让小孩在下个学期更有方向。

注意,有人强调每个单元学习后都要沟通,我建议大家不必这么做。即便是特别关心自家孩子的学习成绩,也不要在每个单元之后都跟老师沟通。我认为父母在半期考时,可以主动跟老师进行一次沟通。一来,我们可以时时关注我们的孩子在学校期间的各种表现,关注学业成绩的变化;二来,一个学期有这三次沟通,我们也能够让老师感受到父母、家庭对孩子教育的重视。注意,让老师感受到你很重视教育,老师自然会重视对你家孩子的教育,这是相互的。

此外,孩子的在校生活中,一定有很多意想不到的情况发生,比如:一些烦人的纠纷、和同伴的争吵等。这些事发生了,你需不需要马上沟通呢?

我们给大家的建议是:小事要力求"化了"——自己能消化、解决的就在家中解决。同时这样的解决也能使父母双方的合作教育变得越来越顺畅，越来越合拍，也能够使父母的教育理念更具体地传递给你家的孩子。所以小事我们主张"化了"！但有的时候真的发生了一些重大的事。这个时候就不要犹豫了，直接、尽快地和班主任取得沟通，时刻追踪事件发展各个阶段的不同变化，和班主任保持比较彻底、及时的沟通，有利于解决问题。

还有一种必须要说的特殊情况：当学校有举办一些重大活动的时候，我也主张父母和老师保持沟通。比如：学生要去春游了；学校要搞义卖活动了；学校合唱节要准备集体服装了；读书节要为班级图书角做采购了……父母想参与这些工作、想辅助孩子做得更好、想为老师分担一份忧愁的时候，结合具体情况具体事件，可以有一次具体的沟通。至于用什么方式来沟通呢？接下来，会逐一跟大家介绍。

为大家梳理一下，本课的建议和主张：

原则上，一个学期的期初和期末跟班主任沟通。如果有必要，期中的时候也可以再次沟通。此外，遇到一些零零散散的小事，我主张父母自己和孩子沟通，内化解决；遇到突发或重大事件，父母要及时地和班主任沟通；遇到校园里面的新鲜事，学校举办的大型活动，有很明确的项目时，我们应根据事情的具体情况和老师具体沟通。

非要和班主任沟通吗？答案就一个字——要！和班主任沟通，是门艺术，是门技术。开始修炼吧！做父母也是要学习的，也是可以成长的。

第 2 课
沟通总是被拒绝，我该怎么办

和班主任沟通，是门艺术，是门技术。那么应该如何与班主任沟通？本课和大家说一个很古怪的话题——班主任不和我沟通，怎么办？

拒绝，也是父母在沟通中遭遇到的一种情况。

有时候，父母主动想要和班主任沟通了，可是电话不通，微信不回，沟通邀请遭到拒绝。或者说，父母并不是那么主动地发出沟通邀请，而班主任那头，也没有反应，让父母感觉班主任并不想和我沟通。

遇到这些情况，首先，父母应该问自己几个问题，在询问中找到答案。

第一个问题是：你曾经主动发出沟通邀请了吗？如果这个问题的答案是"哦，很遗憾，我从来不曾主动"，那么，接下来该怎么办？相信大家心中有答案了吧。

第二个问题：在之前的沟通中，我的言行有不当之处吗？问题一问，答案就会随之出现，该怎么办，相信有了新答案。

第三个问题，我是否确定，现在就有沟通的千万理由，无比迫切吗？其实，有的时候是因为父母遇到发生在孩子身上的事时，心里比较着急，遇事慌了神，觉得有必要去沟通，可又碍于面子，希望班主任主动找自己沟通，于是我们会产生一种需要迫切沟通的错觉。可当你问了自己，确定是否有必要沟通时，会释怀的。该怎么做，也会更加清晰的。

还可以有第四问，父母是不是着急着马上要沟通？注意，这个"马上"比刚才第三问"确定有必要"来得更心急。我知道，凡是发生在自家孩子身上的事，父母的心是着急的，这样的急躁完全可以理解。问题已经找上门来了，此时不急更待何时？父母感觉到危机来临，因此急着想去沟通，这没有什么不可以。只要你是为人父母，为了孩子，没有什么不可以！但是，如果你是理智的父母，你可以问问自己——是不是太着急了呢？能不能自己解决呢？把问题想明白，就是给自己一种良好的心理暗示，暗示自己要缓和下来，要找到解决问题的路径。

相信大家自问自答后，心情会好很多，此时真要去沟通，才有效。

更让我们意外的是，如果这四个问题都得到了同一个答案——父母坚信，不是我不主动，也不是沟通时机不合适，而是班主任不和我沟通。遇到这种情况，该怎么办呢？

好吧，只能这样想了：既然班主任不主动和我沟通，那么就让我主动和班主任沟通吧。记住父母和班主任沟通的原则，简单说，就叫"主动原则"。顾名思义，就是请父母主动一点，不一定要等别人来找自己。为什么呢？主动跟别人沟通，至少已经显示出一种真诚的态度，表达出一种沟通的愿望，这种愿望，有时候是可以打动人的。正所谓"精诚所至，金石为开"。

再想：如果之前真的因为自己和班主任在沟通过程中，出现了不愉快，有不当之处。那么这一次，父母需要的可能不是一次沟通，而是一次真诚的道歉。也许你会说：道歉也是沟通啊？没错，道歉确实是一次沟通。但是我有必要跟父母说清楚：主动道歉，是一种优雅的姿态；以道歉为主的沟通，很容易换回一份真诚，甚至迎接一份友谊的到来。

三想：如果父母的道歉或者已经再次主动发出的沟通邀请依然被拒绝了，请一定多一些理解与等待。比如，你给班主任打电话，被掐掉了。此时父母的心是慌的，是猜疑的，也可能是苍苍凉凉的，但请一定多一些理解。理解什么呢？理解我们不断跟大家说到的一个格局：班主任与父母沟通，是"一对多"的格局。在我们沟通的时候，经常有种错觉：我找你了，你就必须和我对话；我打电话给你了，你最好要接，要和我聊。如果没有达成我们的心理预期，我们就会开始揣测：你对我有什么想法？接着发出邀请而没有达成，就开始着急，甚至恐慌。

其实完全不必要。我来告诉你班主任那头可能是什么情况。

我在一线担任班主任20多年，起初是没有手机的，后来有了手机，接电话也变得非常频繁。这个时候我也感到麻烦，因为电话铃声随时可能会响起。起初我还是有电话必接，后来，只要在上课，一定拒接；再后来，在开会，也拒接；再后来，在集体教研，也拒接；在批改作业，也拒接……班主任工作繁多，不希望完整的工作时间、连续的工作状态屡屡被打断，于是，拒接的时候越来越多。各位父母请注意，拒绝接听可能是对方正忙，完全可以换个时间再约。当然，有时候没有别的时间可以换了，因为遇到一个非常棘手的话题，一定要马上沟通。这时，你可以发一条短信说明情况。

来,我们重点说说遇到比较紧急而恰好沟通邀约被拒绝的情况,还可以怎么办?

你可以换个对象沟通,比如:你可以先跟自家的孩子沟通。父母跟班主任的沟通话题永远离不开孩子,既然这个时候班主任无法参与,那么我们不如先跟孩子沟通。把和孩子沟通的各种信息作为跟班主任沟通的一种储备,这叫有备而来。

我们来说最后一种情况,这种情况非常搞笑。有的时候事情看上去很急,但是,缓一缓就没事了。举个例子:有一年,我执教高年级,遇到家长非常着急地来跟我说:"何老师,我要跟你聊聊我家孩子早恋的事情!"我说:"早恋?真的有吗?"他说:"真的有!我看到了他们有亲密接触,我还查到了他们的聊天记录。"我说:"眼见未必为实,亲密接触,可能不算'恋'吧,这只是一种好奇。"聊了一会儿后,我跟父母说:"也许多年之后,我们一起回忆今天我们在这个小小的密室里,居然讨论你家孩子早恋的事情,会感到可笑。"后来,真的被我说中了,那"一对"孩子只是互相欣赏而已。

各位父母,有的时候遇到事情,最需要的就是冷静一下。缓一缓,不要那么着急,也许就真的没事了。沟通也一样,如果急着在"此时此刻"沟通,即便真正沟通上了,可能会更纠结,也许更不利于问题解决。

和班主任沟通,真正的意义在于"大事化小",而不是越谈越紧张,没事琢磨出事情来。如果你能自己静一静,想一想,和孩子聊一聊,那么在班主任暂时不跟我们沟通的时候,我们也能够自己解决。

本课还有最后一个问题:假如说,之前我们说的所有方法都用尽了,还不能解决，怎么办？车到山前必有路。

举一个很典型的例子：如果爸爸一直要跟班主任沟通，班主任都是拒接电话、不回应怎么办？最简单的是换一个人呗！也许班主任喜欢跟妈妈沟通，也许班主任想跟奶奶聊聊。这时候，家庭成员中换一个人跟班主任发出沟通的邀约，很有可能问题将瞬间被破解！

沟通被拒绝，从自己这里反思，同时找到其他的路径，没有解决不了的问题。

第3课
和班主任电话沟通，有讲究

打电话沟通，应该说是最普通、最常用的方式。本课就和大家聊聊——如何与班主任打电话。

先说件很有意思的事。

我从20世纪90年代开始担任班主任。在那个年代，家长要获取班主任的电话号码，是一件比较费力的事情，或者说是一件很神秘的事情，还可能是需要请托的事情。托熟人找关系，绕了半天，终于拿到班主任的号码了，那可是非常开心。于是，打电话这件事情本身也变得非常神秘，甚至有一点神圣。

而到了今天，要获得班主任的号码简直是轻而易举，更多时候是"送上门来"的。在如今这个时代，学校教育带有较为浓厚的服务性质。班主任跟家长取得联系的第一件事，就是向父母传递各种信息。其中，必然有班主任的电话号码。父母在见到班主任的第一时间，或者说根本还没有见到班主任的时候，就已经拥有班主任的电话号码。

很多父母会问：现在的人，可能有各种各样的号码。请问，我们获取的班主任的电话号码，是哪一类型？很简单，你获取的电话号码，可能是班主任的工作专用号码。当然，更多的人只有一个号码，这种情况我们就不去分析。有的时候，老师为了方便工作，会有一张专门的电话卡，工作专用！你可以放心地和班主任进行电话沟通。

顺便说一下，如果班主任还有一个"生活号码"，父母完全不需要获取，因为你不需要介入班主任的生活。

打电话是沟通最常用、最快捷、最方便的一种方式。各位父母，大家认同吗？如果认同，那么我和大家分享的第一要义是：因为方便，所以请你不要太随意，不要太经常给班主任打电话。

记住，不管是什么样的人，即便是亲密的好朋友，打多了也会烦。相信你也不希望每天接到工作电话。更何况，不要忘记班主任的工作是"一对多"的格局。大家想一想：一个班主任要面对那么多的小孩，所以我们作为某一个体，无权占用班主任太多的时间。记住"因为方便，所以不要太经常"。本课和大家说的主题是"如何打电话跟班主任沟通"，可是第一要义却是控制频率，这就是中华文化"阴阳相生"的道理。

也许有的父母有点任性，说："那我干脆就不打，不如就等老师打给我。"抱歉，真要等老师打给你，应该是有事发生了——不是通知你什么时候来家访，就是孩子在学校有什么状况，需要你来配合处理。正所谓"无事不登三宝殿"。所以，等老师打给我这种被动的想法，希望各位父母尽可能不要有。如果真有了也不要怕，不要躲。我遇到过一件很搞笑的事。有位老爸，特别害怕班主任来电，在他的手机里通讯录中，班主任的号码除了署名之外，后面加一个"！"。当时我看不明白，问他为什么要这样标注，他说："一看到这个号码的来电，有感叹号提醒，我的心就很紧张。我会提醒自己——有事发生了！准备好再接。"瞧，这就是一种非常有意思的心态。

言归正传，还是重点聊聊给班主任打电话的注意事项吧。入学时，或者是刚转了一个班，或者是刚升了一年级，我们会遇到第一次和班主任打电话的情况。"第一次"要注意些什么呢？

第一，要注意时机。老师的忙碌，你永远无法想象，班主任是"教师中的战斗机"，他的忙碌，你更不要去想。大众只看到老师的寒暑假，不知道教师工作状态中的实际情况。因此，我希望父母给班主任打电话的时机要有所选择。关于选择时机，我们将来会用专门一课跟大家讨论。总之，不要随随便便，不要任性，不能"想打就打"，请务必记住这一条。

第二，要注意细节。第一次打电话时，父母是否要做好自我介绍；是否注重聊天的礼仪；是否要调整聊的状态，让双方感到轻松愉快。这些细节看起来无关紧要，其实特别重要。因为聊得顺畅，聊得自然，聊得真诚，才有可能达成父母和班主任的教育联盟，才有可能实现父母的愿望。

第三，跟班主任打电话沟通，礼仪少不了。这不是客套，也不是虚伪，而是文化。有的父母位高权重，在工作中是老板，在单位是领导。这些家长打电话时请先想想，对下属讲话，是不是够客气？如果不是，万万不要把这种气势带入到和班主任打电话中。大家要特别注重沟通的礼仪，因为此时，你无法和对方见面，所有的印象都在声音中展露。

有的父母会认为："我很真诚啊！我就这样去讲电话，很直接，很自然，也没什么了不起。"对，确实没什么了不起，但是请记住我的一句相劝：所有的礼仪只是为了给你自己面子。有面子，才能够谈得上跟别人交往，才会获得尊重。所以给对方一种很有礼仪的感觉，就是对自己的尊重。同时也可以通过声音，把这种尊重的感觉传递给对方。

此处，务必对沟通的思路做个梳理，打电话沟通需要注意三点：第一，选择好的时机；第二，注意沟通的细节；第三，有礼仪，给别人留下一个好的印象。这三点，看起来很容易做到，但在真实沟通中，都做到的并不多。所以，有必要请大家复读一遍以上的内容。

最后，我在本课中跟大家说说：第一次跟班主任打电话有没有忌讳呢？

有，特别重要！

第一忌讳，忌讳有事才打。不要临时抱佛脚，沟通不要太功利，例如：孩子作业不会做了，你火急火燎打电话；孩子忘记抄作业了，你不顾情况打电话；孩子在家里哭闹你搞不定了，急急忙忙打电话，让班主任跨越时空来教育……有事了才打给班主任打电话，这不是真诚的沟通。请注意，什么叫沟通？沟通就是平时我跟你交朋友，就是有事没事的时候我们可以聊聊天。之前一课，我们介绍了，一学期至少有几次的沟通，希望各位父母配合，反复阅读。不要等到真的有需要，有事发生了，父母解决不了的时候，才去打电话。当然，我相信班主任会接受你的求助，可是你是不是不应该这么做呢？

第二忌讳，忌讳怒气冲冲时打电话。人一生气，很多东西很难控制，电话一接通后，更不是你单方面能控制的。所以，第一次打电话，请你一定记住，看看自己是不是正在盛怒之下。如果是，缓一缓、换一换。此时真要打了电话，效果会适得其反。

第三忌讳，忌讳没想好就随便打。这一点，我相信大家不会这么做。特别是阅读这本书的父母都知道应该"凡事预则立"的道理。拿起电话瞎扯，也是不尊重对方的表现。

和班主任打电话是一门技术，我相信大家能明白。打好电话，事半功倍，节约的是父母和班主任双方的时间。

第 4 课
见面聊,面对面沟通最好

日常生活中,我们常对朋友说:见面聊。多么亲切自然啊。见面,多么让人期待啊。

毫无疑问,沟通的最佳方式就是见面聊。本课就跟大家说说——约班主任见面聊,沟通中应该注意些什么?

第一注意,不要急。特别是刚开学更不要着急。小孩入学,一个班级三四十人,大家都急着想见班主任,这个时候去挤,就如同非要在春运时选乘火车,真的没有必要。

按理说,在如今的教育环境中,每一个家长都会见到班主任,除非你从来不关心、不介入,否则和班主任见面,是迟早的事。为什么?按照规定,每一个班主任都要做到"入户家访"。也就是说,班主任迟早会"主动上门来见你"。那时,就是专属于你们的单独见面时机。

在二十多年的班主任工作中,我发现无论如何,家长必定会和班主任见面的。有的时候是家长急着找老师见面,有话说,其中可能也带着一点好奇吧;还有一种情况,那就是小孩有问题了,老师约你来见面……

总之,各种各样的见面是迟早的。如果真的一点机会都没有,也丝毫不觉得很需要沟通,小孩在小学六年中一帆风顺,那我祝福您,也佩服您!但,依然还有一种见面的机会,那就是可以隐藏在芸芸大众之中,在集体活动中和班主任见面。比如,家长会的时候,外出班级聚会的时候。请不要以为这是笑话,就有不少爸妈说:"老师,我不敢单独见你,我在开家长会时,在台下默默关注你。"记住,凡是说这样话的父母,做得真的不够好。至少,你要有勇气跟班主任单独见面,聊一聊,一切为了孩子!

切中要害吧,第一次见面聊,该注意些什么呢?

第一,注意自己的形象。父母的形象很重要,因为你的形象将直接给班主任带来第一印象。心理学认为人与人的交往,特别重要的就是第一印象。第一印象好,就会一直有好感;第一印象不够好,扭转起来也麻烦。有的父母不大注意自己的着装,穿着很随便地去见老师的家长大有人在;有的父母甚至以为邋遢是一种个性,我行我素,犯不着那样慎重;还有的父母把随便当作一种风格,还觉得时尚……家长要如何生活、如何存在,我都认可,因为我有时候也不大讲究。但是,如果去见老师,我就会把自己打扮清楚。这是在给自己留面子,也是为儿子着想。注意,我们一再讲:不要以为是为别人打扮。你今天这样庄重、细致、文明,一切一切,你都只是在给你自己面子。你去见老师,老师也在见你,双方都给对方留下第一印象,这个时候我们自然希望第一印象是美好的。

我和大家讲个我的故事。故事中的我很丢脸,把自己丢脸的事跟大家分享,就是希望大家不要丢脸。

我曾经到马来西亚和中国香港讲课，去的时候没有做什么准备。因为我怕热，夏天比较爱出汗，所以去这些地方，没有准备好长袖衬衫，更没有准备好领带。第一次到马来西亚讲课，我发现听课的老师非常认真，极为庄重。男士都穿着长袖衬衫，甚至很多人打了领带来听课，而我却穿得相对随意。那个时候我心里比较惭愧，脸非常红……到中国香港的时候正是大夏天，我作为主讲教师，也穿一件衬衫。可是跟我握手的朋友，他们不但穿着衬衫，打着领带，还有不少还穿着西装。当别人这样尊重你，会让你感到惭愧。我不希望和我一样的问题，在你们身上再发生，所以我把很糗的故事跟你分享。

　　第二，见面沟通的内容很重要。见面聊，到底聊什么呢？我给大家提供几点参考：1.主动问候。父母见到班主任，完全可以主动一点，可以热情一点。但我相信，很多班主任会比你热情。因为这是他们的职业素养。所以，这个时候如果是你先发出问候，是不是会争取一些"主动权"呢？2.主动介绍。介绍真的是一门很大的学问，我们将在后面的课中，和大家说如何介绍自己、如何介绍家人、如何介绍另一半、如何介绍孩子等。但这一次，先请大家记住，要主动自我介绍。3.以问代聊。什么叫以问代聊呢？就是你第一次跟班主任见面，不知道该讲些什么，不知道该怎么聊的时候，你可以以询问开头，例如问："老师好，我的孩子在班上表现如何呢？"在你介绍小孩在家里的情况时，也可以以问代聊。请各位看到这里，可以写下一个"聊"字，你就会发现"聊"，不就是从听开始吗？当你提出问题之后，班主任的回答，你用心倾听，我相信你一定可以找到聊的共同话题。真的可以吗？当然可以，而且很简单。因为孩子是你的孩子，是老师的学生，所以你们有一个共同的话题对象。聊，不就是"你说完，我说；我说完，你再说"的互动吗？所以，以问代聊是一个相对简单，比较好操作的方法。

很多父母觉得第一次和班主任见面聊，难免尴尬，我相信以上三条，能够给你带来一些帮助。

天下无不散的筵席。第一次见面，很快会结束。结束语该怎么说？

第一次聊完，不能就这样走掉，否则刚树立的好形象就要崩塌了。结束语可以有三种说法：

第一种说法，可以表达感谢。例如可以说："老师，谢谢你，我的孩子在班级中学习，进步很大，我们代表全家表示对您的感谢。"第二，还可以继续相约。双方约定什么时候再聚一聚。"相约再聊"是中国人的习惯。第三，最厉害的一条叫"拜托"。父母可以直接拜托老师关照你的小孩。这不是走后门，这是中国人的真情表达，没有什么不对，也应该这样做。这可是自己的亲生孩子，在自己跟班主任聊天后，不拜托班主任关心，那你来聊什么？所以不要感到不好意思。你可以这么说："拜托了老师，我的孩子请多关照。"拜托关照，也是表达你的诉求，是很真诚的表达。当然，拜托之余，你要告诉老师，自己也会配合做到哪些方面。请记住，当你拜托老师，又说出了自己能做到的时候，双方就开始合作了。"合作"，就是合起来运作。父母跟班主任之间，可以说是一种合作关系。我们不提倡"班主任为主导，父母来配合"的单方面力量；我们提醒父母千万不要只说"老师，我一定会配合你的工作"这样的话。请父母明白，孩子是你的，父母怎么成了配合老师的人呢？

父母和班主任之间，是一种合作的关系。你可以大方地说："老师拜托了，请你严格要求，请你更多关爱。老师，我会跟你好好合作。因为我们的目的只有一条，就是把孩子教得越来越好。"

这样说，双方都感到有力量，都感到很愉快，未来的合作会很合拍。

第 5 课
有了微信，沟通就不同啦

本课跟大家说说有特色的微信沟通。之前的电话沟通在这个时代，有很大一部分已经演变为微信模式了。

在这个"微信时代"，父母能跟班主任成为微信好友，那么沟通应该是更加便捷，更加畅快，更加让人感到欢喜的！

和打电话一样，过犹不及都应引起注意。因此，照例先提醒大家：高兴的时候，特别要小心谨慎。为什么呢？一旦加入微信，很有可能你已经进入了班主任的生活圈。所以你的沟通并不能像你想象的那样肆无忌惮，做出点评，甚至一个小小的点赞，都要经过大脑。也许你会说："这样太累了吧。"没错，不累，就不是人生。累过之后养成一种谨慎的习惯，这就是人生的进阶。

这一课，专门聊聊如何跟班主任加微信沟通。

从第一步说起。当你获得一个微信推送之后，父母要如何向班主任提出申请呢？很简单，要真实。请你真实地亮出你的身份，表述"我是谁"。我们知道大部分人的微信名都是昵称，而向班主任发出加好友的申请，最好用真名。建议大家用一个格式来发申请："学生名字+父母身份+父母名字"，例如：吴航的爸爸吴大航。此处，"吴航"是学生名字，爸爸是具体身份，吴大航是父亲的名字。越是真实，越让人感到真诚，越容易通过。

为什么要做这个提醒呢？我经常收到微信好友申请，但大多让我觉得纳闷，这是谁呀？安全吗？这个叫"寂寞的沙"，那个叫"老鹰的眼泪"，还有的是"我不知道我是谁"。好吧，既然连你自己都不知道你是谁，我怎么敢加？有时候，我也弱弱地问一下："你哪位？"意思是请对方亮明身份。没想到对方发来一个愤怒的眼神，那意思是：我要加你为好友，你还要查我户口吗？哦！误会就此产生。

和班主任沟通，如果还没沟通就产生这种误会，太不值得了。因为误会太低级了，完全没有必要。因此，申请的第一步就是表明身份。

第二步，通过了申请后要主动。如果你用真实身份添加，基本都会通过。没有人能拒绝真诚，更不要说老师也希望使用微信快捷沟通。通过之后，父母可以热情主动地跟老师打招呼。注意，从打招呼开始，父母和老师的微信沟通就开始了。我建议大家发送好以下几条微信留言：第一条，再次亮明身份。例如：老师好，我是吴航的爸爸吴大航。第二条，表达沟通的意愿。既然加了微信好友，不是问问好，就此罢了，之后让微信成为沉默的死角。父母可以主动表达沟通的意愿，例如：老师，未来我们可以用微信联系，保持通信哦！谢谢老师！你看，表达愿意，就这么简单，还很活泼。第三条，发送祝福，例如：好了，老师，我不打扰了，这次我们加为好友，今后保持联系，祝身体健康、生活快乐！这就是微信好友加入之后的三部曲：亮出身份；表达沟通意愿；送出祝福。

好了，接下来聊聊加了微信之后，日常状态下如何通过微信跟班主任沟通。

请记住，毕竟微信有其独特性，所以沟通方式跟我们之前讲的不大一样。之前提过的，相同的地方不讲了，例如注重礼仪等。我们专讲微信沟通时独特的注意事项。

第一，晒图要适当。既然是好友，当然可以在微信中晒一晒生活实景，比如：发一些孩子学习的图，让班主任更多了解孩子在家的生活学习；还可以发一些日常生活的图景、视频等，让班主任更为直观地了解。记住，跟班主任发送这些信息，就是让班主任知道我们的孩子在家里是这样生活的，同时也是和老师分享我们家庭的物质环境、教育环境、人文环境、精神环境，让班主任更多了解。这里，我真诚建议：如果孩子是女生，父母不要晒女生穿着泳装的照片！也许有人说："你好老土啊，这个年代这有什么了不起？我孩子身材好。"但我仍然建议不发。年幼的时候，即便是泡温泉、游泳，少发女孩子穿着泳装的图片，就是对女孩福气的养护，这也是中国人的审美习惯，更是我的真诚建议。当然，如果你觉得我很"土"，这一点你可以忽略。

第二，沟通最好有话题可谈。你可以通过微信跟老师进行话题讨论。有话题聊比漫无边际瞎聊更有意义。我还有一个建议，父母可以把老师以及同样对话题感兴趣的人，组建成一个小的微信群，专题、专门、专项、专人，进行深入讨论。讨论过程，我也衷心提醒各位爸妈：坚决不做人生的差评师。当别人提出一个观点的时候，父母可以表述自己的想法，但不要去否定别人，更不要批评指责别人。在微信中，因为用文字或者用语音对话，都是短促、零散、片面的，有些人性子急，没有想周全就说，差错多，我们不要太计较。我的一些微信好友一出口就是："我反对""我不同意"，也有说话很高明的，但却成了冷嘲热讽——"切，这个观点也敢说出来"……建议大家不要这么做。其一，你没有这个权利；其二，你一定记住，这时是一个有老师在场的沟通群体，或者说你的沟通对象就是老师。对人起码的尊重，就是捍卫他人的言说的权利，同时你也可以表达自己的观点。你有表达的权利，他人也一样有，所以多给人点赞，多给人鼓励，就像你给自己家小孩关爱，这是一样的道理。每个人都希望在鼓励中成长。在沟通中鼓励他人，也会影响沟通的伙伴，也会让班主任给你，或者是你的小孩更多的鼓励。

与班主任微信沟通，还有几个注意事项。

首先，老师跟家长的微信沟通，同样也是"一对多"的格局，所以希望各位父母多一些宽容，多一些理解，更主动一点。沟通的时候，不要在心里一直揣测：班主任怎么还没跟我发过微信消息呢？不要计较了，如果真没有，父母可以主动发嘛。

同时，老师处于"一对多"的格局，真的不可能在一个问题上纠缠。有的时候我们聊微信，会陷入这样一种困境，面对一个问题一时半会儿讲不清，来来去去经历几轮，反反复复不断推演，文字输入得手都快要抽筋……这个时候，父母要是敏感，一旦三四轮还没谈完，你可以让老师换一种方式沟通，或者下次再说。你可以给老师发：见面聊啊，下次微信约啊，打电话说一说吧……老师和你一样，都是生活中的人，我们不要在一件暂时扯不清的事情上太纠结。

最后一条,不要在微信中给班主任发红包。父母的言行和意识都要真诚,沟通都要建立在真诚的基础上。否则,很可能被列入微信黑名单哦。

第 6 课
用书信温暖这个时代吧

本课重点和各位父母说说温暖人心的沟通方式——给班主任写信。

也许,有人一看到第一句就笑了:在这个飞速发展的时代,谁还写信?我们哪有空去写信?没错,身处极速发展的今天,我们都太忙了,忙得好几年几乎没有拿起笔,忘记那种纯真的感觉了。写信,似乎是小时候才做的事。我的童年在20世纪80年代,那个时候很流行"交笔友",而如今,我们只剩下微信好友,但虽说叫"好友",不曾见面的却占绝大多数。

写信,就是对父母人生的一种回顾、提醒。提醒大家记住——不忘初心。越是没空写信的时候,书信越能让人感到温暖。其他人越是不愿意写信,我们写了书信,越能成为最打动人、最有效的一种沟通。

所以如果你还可以书写,或者说,如果你还愿意书写,请用写信这种方式来沟通吧,我相信你一定会感受到与众不同的沟通效果。

接下来我们分享:用写信的方式跟班主任沟通,父母该注意些什么呢？

第一，写好字。书信中的字，一定要好好写，慢慢写。有的父母有书法功底，会行楷，能行草。这正是大好的展示机会。请注意，你的艺术修养要让人欣赏，但同时也要考虑对象。教师中，会书法的占据绝大多数，所以，不要用太过古怪的字体来写信，不要太在意展示自己独特的一面。跟班主任写信，尽量注重让对方感受到"书写规范"这一方面的审美水平与艺术层次。因为基础教育中，规范就是力量，就是美的典型代表。

当然，更多的父母会问："我该怎么办？我的字写得很差，我还能给班主任写信沟通吗？"很简单，无论字写得好坏，都可以写。写不好的，就慢慢写，一笔一画地写。记住，楷书，是与班主任沟通时最合适、最好的书写字体！为什么？你想想对方是谁，对方是教你小孩的班主任。他们用的教学字体就是规范的楷书，所以这是一种最能够让老师接受和感到亲切的字体。而且，当你端端正正、一笔一画慢慢写的时候，所写的字可以传递出一种对人的尊重。

第二，想好内容。关于书信的内容，也要好好准备，认真表达，让对方看懂。写信就是用笔说话，用笔说话不同于用嘴说话，更要注意说好。怎么说好呢？有三点可以跟大家分享：首先，一声问候暖人心。你跟别人写信，不要一上来就说"我要干什么""我想你做到什么"可以先跟别人打招呼，问候对方。例如你可以写：亲爱的老师，您好。在繁忙的工作中，请注意保重身体。你看，一声问候暖人心。其次，直接表达不费神。问候之后，可以直接表达你的意思。有的人写信，喜欢绕大圈，别人看了半天不知道你的目的，最后要结束了才说："抱歉，我忘了，我想说的是……"

完全没有必要！直接表达不费神。不断提醒大家牢记老师和父母沟通的格局是"一对多"，老师真的没有太多时间跟着你兜圈子。所以，请各位父母设身处地想想这个对象的特殊性，你就知道该如何直接表达自己的观点，提出自己的建议。最后一点特别重要，不能咄咄逼人，不要心太急。这一点，有的父母写信时经常犯此类错误。特别是有比较重要的事发生了，有点类似写"鸡毛信"的状态时，很容易心急出错。我们简称"文字中有杀气"。

有杀气！对，你心里着急，写下的文字就好像一把匕首，逼着别人按你说的去做，逼着别人一定要答应你的要求，要让对方跟你保持一致。请各位父母注意，记住以下这个等式：书信≠文件≠命令≠判决书。你是写信，是用笔来谈话，所以叫笔谈。父母和班主任通过笔谈，要交笔友，所以请不要用咄咄逼人的语气来表达。

第三，建议长话短说。写信不要太长，主要是考虑到班主任的工作量。记住，有长话也要短说。因为"一对多"的班主任真的无法在一人一事上消耗太多，他的时间属于全班同学的而不是属于个人的。这一点，大家要牢牢记在心里。

信写完之后，要及时投递给班主任。同时，各位父母也不要空等，可以尝试多方面沟通。此时，老师已经阅读了书信，知道了你的诉求，再进一步沟通，会舒畅很多。信写完之后，你可以发个微信，说："老师，我给您写了一封信哦，请注意查收。"你也可以打个电话、发个短信；还可以在偶然碰到班主任时，说："老师，我给您的信，您看了吗？"注意，这叫组合式沟通。

还要准备好迎接一种情况的发生——老师没有回信。可是，万一老师没有回信呢？一直写，一直投递，不好！你可以考虑换一种方式，因为如果给每一封信写回信，老师就不要做其他工作了。

有的时候老师会给你回信，有来有往，沟通顺畅，父母也会感觉得到了老师的尊重。那么，你们之间的沟通，就此开始了，甚至你们可以成为笔友。既然是成为朋友，父母就可以更关心班主任，在下次写信时可以写：老师您的工作那么忙，要批改那么多的作业，总是写信可能很费时，这样吧，我们约来见面谈。瞧，之前讲的见面谈，在这里就用上了。我们在文字中要关心对方，有一点爱心，有一点宽容，这样更能迎来美好的沟通状态。其实，不管怎么说，老师都看了你的信，时间都花在解读你的意思上了，需要得到父母的理解与认可。对方看信，沟通已经完成一半；对方回信，沟通就此开始。

最后一个小技巧：送信人精挑细选。

这个时代，送信人到底选择谁比较好？有两种人担任送信人比较好：第一种人，父母自己亲手把信装在信封里，当面交给老师。记住，当面交。有人以为既然能见面了，还要写信？当然要，笔谈和语言交谈完全不同。但，当面交，需要父母找到合适的机会，只有跟老师见面，才有机会亲手交出信。很多父母看到这里，心里就打了退堂鼓，认为这做不到。为什么呢？除了时间不刚好之外，选择写信的人，本身就不善于面对面沟通。第二种最佳人选，我相信父母猜出来了——就是你的孩子。请小孩为你送信！当小孩稚嫩的手举着你的信，传递给老师，并且说"老师，这是我爸爸妈妈写给你的信"的时候，我相信这是一个非常温暖、可爱的画面。你想到都会笑，你想到都会有幸福的感觉。更何况,由小孩传来的信,老师一定会看,回复的概率就特别高了!

  这个世界,唯有小孩不可辜负。写信,也算是给大家一个回到童年的契机吧,值得尝试。

第 7 课
和班主任沟通的四大忌讳

本课跟大家聊聊和班主任沟通的忌讳。"忌讳",意为因风俗习惯或畏惧权势而对某些不吉利的语言或举动有所顾忌,对某些可能产生不利后果的事力求避免。所以,谈到忌讳,都是基于习惯,基于对大众审美的认识。本课对各位父母可能产生的不利于沟通的言与行进行提醒,力求避免。

和班主任沟通,有忌讳吗?当然有。不仅是和班主任沟通中有忌讳,与任何人沟通,都要注意,都有忌讳。只有当你真正了解沟通的时候,你才会非常注意话语的对象、话语的场合。而在你注意了对象、场合之后,你还要再注意自己,这样才会避免尴尬,避免因为沟通而冒犯对方,这样才真正进入一种平等、民主的沟通。

沟通顺畅时,你才有余力关注沟通中的各个元素,达成沟通的效果,不触及犯忌的事。因为,每一个细节都影响着沟通的效果。

跟"班主任"这一特殊的对象沟通,有哪些忌讳呢?具体来说有四种。

第一种,有话不直说。有话你就直接跟班主任沟通,不要拐弯抹角。

我们不需要托人介绍，或者请人传话代为沟通，神神秘秘坏了事，于己不利。有的父母一和班主任打电话，就喜欢绕弯子说话。一会儿说："你知道吗？我认识某某某。"一会儿说："班主任老师，我跟你们校长很熟啊。"或者，请另外一个人先给班主任打电话，告诉班主任"你的班上有这么一个小孩，他的父亲跟校长很熟悉"……记住，有话不直说，把原本能够直截了当沟通的信息绕着弯子来说，请人代说，这是和班主任沟通的第一大忌。中国人的沟通，是建立在互相信任的基础上的，讲究的是平等相处，叫另一人来"弹压"自己，谁都不会舒服。

第二种，有话不明说。沟通，非常注意的是信息表达畅快、明确，要让别人在听了你的话之后，能够明白你表达的意思。同时，你也要尽力地去理解别人要表达的意思。所以，有话请你明明白白地说。说得明白，有利于达成沟通目的。但是，有的时候，受各种原因的左右，或者是在日常与他人沟通中养成的习惯，我们很喜欢隐隐约约、含含糊糊地说，甚至有的时候简单的话不挑明说，而是隐喻地、模糊地让对方去猜测、体会。

我做班主任的时候，经常遇到家长来说要调座位的事情。要调座位，是正当合理的要求，直接提出来就可以。但必须认识到，提出要求未必对方一定要做到。有要求不是错，但有的父母不直接讲，绕来绕去：一会儿讲孩子的背有点驼，一会儿说孩子的写字姿势有点糟糕，一会儿又抱怨同桌老是在上课的时候找他聊天，一会儿又说最近去医院检查发现视力下降了……一会儿说这个，一会儿说那个，说了半天也不直说。当时，我还以为他来跟我反映班级管理问题，最后临了才说："老师，你看看能不能调整一下座位？"实际上，在整个沟通过程中我已经被他绕得有一点烦了，当他提出具体要求的时候，我跟他说："好的，好的，这个事情我回去想一想再说。"其实，这一次的沟通从父母一方来看，是失败的。也许他以为自己的说话技巧非常高，含糊地讲让对方自己去领悟，但适得其反，没有达到目的。所以，我们在此跟大家做一个提醒：跟班主任沟通，忌讳有话不明说。

第三种，有话不好好说。"不好好说"的表现有哪些呢？第一类，说话的时候气势很盛。父母跟班主任对话，如果是面对面地交谈，你有必要把声音调到那么大吗？你有必要把语速变得那么快吗？你有必要做出怒气冲冲的样子吗？当然都没有必要。请注意，说话的气势很盛，即便话好，也说不好了。当然，我相信大多数父母都能够避免出现这种情况，各位父母都是非常有涵养的人。不过，在我二十多年的班主任工作中，确实有遇到上门来吵架的。在当今中国的一线班主任故事中也经常看到类似的事情发生，真搞不懂有什么事要闹到"上门吵"。中国人讲究"和为贵"，当面撕破脸，那已经不叫沟通了。第二类，只顾说自己的话。这类家长和班主任沟通时，没有"对话"，只有自言自语。什么叫沟通？我说一句，你说一句，信息在你我之间互相地流转，这才是沟通。但是有的父母去找老师沟通，非常着急地想把自己的意思表达清楚，所以"啪啪啪，啪啪啪……"像倒豆子一样，一下子把你自己想要说的话都说出来，几乎没有给别人说话的机会。偶尔班主任打断他说："这个问题，请听我说两句……"班主任还没说两句，父母就再次打断说："其实我是这么想的……""哒哒哒"又像打机关枪一样，打出一梭子子弹。只顾自己说话，没有给对方说话的机会，这就是"有话不好好说"。

还有一种"有话不好好说"的情况，你一定想不到，那就是一味迎合，少了自己的主张。我们确实遇到过这样的父母，刚跟班主任沟通的时候，班主任不管表达什么内容、什么思想、什么主张，爸爸妈妈总是迎合地说："对对对，好好好，是是是，没错没错。"注意，当我们听到对方连续地说"是是是，对对对，好好好"的时候，大多数人知道这是在敷衍，是想让对方快点说完。此时，对方心里就产生一种："你在回避我说的话，你是不是觉得我讲得很烦，你是不是希望通过这种'是是是，对对对'的方式让我快点结束我的表达呢。"一味迎合，没有自己的主张，用这种重复的、短促的"是是是""对对对"来应对的，这也叫"有话不好好说"。

沟通的最后一个忌讳，叫没话找话说。有的时候，父母与老师沟通，但没有明确的话题。谈话时说长道短，总是议论别人家的孩子。背后议论这个小孩哪里不对，那个小孩哪里很优秀。在沟通中简单对比一下别人家的孩子和自己家的孩子，是人之常情。但是既然是你跟班主任一对一沟通，你能不能针对自家孩子的问题来讲？不要浪费时间做对比了，意义不大，甚至还有反作用——让人觉得你心眼不大。更何况，在别人父母不在的情况下去说别人家的孩子，这本身就不合适。老这样，迟早也是要被别人说的。中国有句老话——你在背后说别人，别人也在背后说你。这个问题大家一想就明白。"没话找话说"还表现在短短一句话不停重复。注意，我们一再讲班主任是"一对多"，有效的沟通用时简短。所以，表意明确、话语直截了当、真诚对话是基本准则。

做个梳理吧，每个忌讳都不要触碰。忌讳有四个，请各位父母记在心里：第一，有话不直说；第二，有话不明说；第三，有话不好好说；第四，没话找话说。千万不要这样去沟通。

第 8 课
沟通中，要不要给班主任送礼

本课和大家说一个很敏感的话题，"送礼"。最近，发生过许多因为"送礼"而出的"网红"大事件。似乎"送礼"和"老师"联系在一起，就是万恶的，是要受到惩罚的。

真实情况是，很多父母都为到底要不要给老师送礼这个事情纠结。有的时候，妈妈想送，爸爸可能会断然拒绝；有的时候，父母中的一方还可能会有条件反射，厉声呵斥说："怎么能给班主任送礼呢？我们做人坦荡荡、光明磊落，我们为什么要给班主任送礼呢？"否定这件事，当然没错。不过，我们谈的是沟通，我们建议大家先不要有这么大的反应。这件事，无关道德，只是交往。

中国，一向注重平等、真诚、互相信任的沟通。在和班主任的沟通中，礼尚往来，这本来就是一种礼仪，或者说这也是我们的一种传统。所以"送礼"这件事本身，不需要纠结。送礼，本身没有好不好、对不对、要不要的问题，那么问题的关键是什么呢？问题的关键在于你到底怎么送，你到底送些什么才能让你的沟通变得更加健康、变得更加有效。

基于这样的基本认识，我们在本课和大家分享以下思考和实践结果：

第一，送礼等于送祝福。你看，当你家的宝贝有一些手工作品、有一些才艺制作的时候，即便不是非常精致，或者说是很笨拙的，但是只要是孩子亲手做的，都可以作为礼送给老师。同时，借着这个契机，父母和班主任进行一次沟通，送出对老师的尊重与一份祝福，那是非常合情合理的。这个过程，还等于送出一个重要的信号，告诉老师："我们全家都非常喜爱您；我们的孩子很尊重您，为您制作了一个手工礼品。"想一想，这样做，没有不对的。

第二，送礼等于送情谊。比如说，父母在外地出差或者旅行，到了一个有特色的地方，带回一件小小的纪念品。可能是一个挂饰，也可能是当地的一种特色美食。回来之后，可以和老师分享啊。借助这个契机，邀请老师进行一次沟通，合情合理。在沟通过程中，你可以送出这个小小的礼物。礼物代表着什么呢？代表着：老师，我走到哪里都记住你，即便我在差旅过程中，我们家人心里也有你。你看，沟通最在意真诚，最重视情感。当对方感觉到"你心里有我"的时候，双方的友谊就更深厚了。因此，送礼就等于送出友谊、送出情谊。

第三，送礼等于送心意。我们不要送钱物，也不要在礼物的价格上进行攀比，那会使礼物本身变味，同时也会影响沟通的效果。在送厚礼、送重礼的情况下去沟通，本来就是动机不纯。我们可以送一些很有含义的，代表我们心声的礼物。中国人讲究的是"千里送鹅毛，礼轻情意重"。我们都知道花有花语，可以给班主任送康乃馨，花中代表的心意不言而喻。记得小的时候，我爸爸送我一支钢笔，还是他用过的钢笔，这个礼物对我来说非常珍贵。因为这代表着爸爸对我书写上的要求，对我书写上的一种鼓励，对我做人态度上的一种鞭策。你看，爸爸在送我钢笔的时候就告诉我，这个钢笔代表着他怎样的期待。这份礼物就是他的心意，是他对我的一种激励，而不只是一份简单的礼物。

我们梳理一下：送礼等于送祝福、情谊、心意。所以，不要再纠结要不要给老师送礼了，我们应该更加关注的是要给老师送什么，怎么给老师送礼，才能有助于沟通。有时候，我们一直被边缘的事物影响，而忽略了事情的核心。如今，我们谈沟通中的送礼，不要再纠结"要不要"，重点关注"怎么做"，让我们把目标集中在核心问题。

那么，怎样送礼才能带来沟通的便利呢？我给大家三个建议——

第一，以礼为名的沟通。注意，以礼物为名义，可以邀请老师进行一次沟通。例如，父母可以告诉老师："老师，我们家的小孩做了一些手工牛轧糖，我们家人都希望请您一起尝一尝！我们见个面，我给您带去一点吧。"以礼为名，我们发出沟通的邀约，相信老师接到这个电话或者信息后，会很高兴。千万不要以为是贪吃哦，这个时代，谁都不缺这些，只是心里甜罢了，会觉得"哇，这个宝贝真有心；哇，这个宝贝能力真强；哇，这个家庭真会培养"。注意第三句，这是对父母的教育的认可，也许老师会和你交流教育经验，毕竟有时老师也是父母，在教育子女时也会遇到头疼的问题。

第二，以礼为过程的沟通。在沟通过程中，如果你觉得交谈出现了僵局，或者聊天气氛非常好的时候，都可以顺手拿出你的小礼物，同时说："嗨，老师你看,这是我给你带的小小的纪念品。"在聊天过程中送出心意,可以缓和说话的节奏,可以活跃说话的气氛,也可以增进双方的感情。当然,你也可以向西方的礼仪学习,邀请对方现场拆开,看看小礼物。当面拆开,双方都清楚送了什么,避免其他不必要的误会。中国人原本讲究含蓄,不喜欢当面拆开礼物。而我们给出的建议就是告诉大家,时代在变化,我们也在继承传统的同时,做好细节上的调整。

第三,以礼为结尾的沟通。你跟老师的沟通基本结束时,到了临别的时候,也可以赠送给老师一份小小的礼物,留作纪念,表示友好。所以以礼为名、以礼为过程、以礼为结尾的沟通都是我们可以去思考的。

但有一种情况是不可以的,我必须开门见山地和各位父母讲明白——叫以礼为目的的沟通。你看起来是去沟通,但实际上没有什么话题,唯一的目标或者说唯一的心思,就是把一份厚厚的礼物送给老师,请老师特殊关照你的小孩。注意,这种以礼为目的的沟通,请大家千万不要去实施。因为这会影响沟通的目的,甚至会让老师对你"另眼相看"。这个另眼相看,可是加引号的,就是对你产生不信任的感觉。不信任感一旦产生,可能会让你们之间的沟通就此终结,你要达成的沟通目的,自然也不会实现。你可能也会失去继续沟通的机会。

如果这种事情被你的孩子发现,也会有损你在小孩心目中神圣而纯洁的形象。被小孩的同学发现,小孩会因为你受到牵连,在同学面前抬不起头。因此,以礼为目的的沟通,不要再纠结了——戒除!

送礼本身不是错,错就错在实施的方式以及目的。中华传统中的礼尚往来,是沟通的又一基本原则和基本礼仪。

第二章
沟通的基本介绍

第 9 课
如何介绍自家小孩的优缺点

和班主任沟通，最重要的莫过于聊自家的小孩。本课跟大家说的话题是：沟通中，如何介绍自家小孩的优缺点。

注意看标题，我们说的是介绍自家小孩的"优缺点"，而不是介绍自家小孩的"优点"。首先要提醒各位父母，人无完人。即便孩子在自己眼中什么都好，也要从辩证唯物论的角度认识到每个孩子都有缺点。自家小孩的缺点，正是沟通中的重点，因为这是小孩进步的方向和我们进行辅导、帮助的切口。越是优秀的家长，越不会回避这个存在的问题。

如何在沟通中介绍清楚小孩的优点和缺点呢？请记住最简单的原则，就是按照咱们中国人的习惯去介绍。中国人介绍的时候有什么习惯呢？

第一，先优再缺；第二，多优少缺；第三，强优弱缺；第四，大优小缺。所谓"先优再缺"，就是指父母和班主任介绍小孩的时候，顺序不要搞错，先说优点，再说缺点。为什么？心理学上有一种效应叫作"先入为主"，先听到、先认识到的，都占据着最为主流的位置。心理学研究的结果，在沟通中必须重视，也应该遵循。

所谓"多优少缺"的意思，就是在介绍的时候，父母可以侧重说小孩的优点，然后再提到小孩的缺点。倘若你家的宝贝真的缺点比较多的话，我们建议父母也要尽量去发掘小孩潜在的优点，开发他未来的发展潜力。"多优少缺"是各位爸爸妈妈的责任和义务，也是各位父母的一项"基本功"——发现小孩潜在的优点。

所谓"强优弱缺"的意思是，父母要不断地强化介绍优点。那么缺点呢，介绍清楚就好，不要自己过多评价，请留给老师来思考、交流。父母不要做定性的评述。例如："我这个小孩真是太糟糕了。""老师，我对他都有点绝望了。""老师，说真的，我真没有办法。"小孩有问题，父母是有责任的，不要一味差评，沟通中说出来就好，不要刻意强调其"性质"。

所谓"大优小缺"，顾名思义，优点，突出沟通，重点介绍；缺点，适当弱化，提出可以尽快改正、立刻解决的缺点，请老师参谋，出出主意。缺点小，改起来容易，老师辅导起来也容易。

其实，小孩都是"性本善"的，成长的过程会有各种问题出现，这不奇怪。只要我们和班主任沟通清楚后，获得班主任的帮助，形成教育的合力，是能够解决问题的。毕竟孩子送到学校学习，班主任起到的作用不容小觑。同时，父母跟班主任介绍清楚孩子的优缺点，不至于因为教育问题产生误解。如果忽略了这一步，最受影响的无疑是自家的小孩。因为孩子如果没有发展，没有成长，就会空耗了大好的时光。

接下来，我们说说如何介绍自己小孩的优点。在优缺点中，介绍优点确实显得更为重要。所以，我们给出三个建议：

第一个建议叫作优点要看得见。看得见就不空洞，看得见就有画面感。很多父母跟班主任介绍小孩优点的时候，比较笼统。比如说：我这个孩子特别爱阅读；我这个孩子特别喜欢做家务；我这个孩子写作能力特别强……这些"特别"之处可以说，但不能仅仅这么说。为什么呢？因为基本上每个人都有一些优点。你怎么样让班主任留下比较深刻的印象呢？我们要说得有画面感。举个例子：一个父亲曾经跟我说他家的孩子特别爱阅读，他说的时候，我可以感觉到"爱阅读"的氛围。他说："第一，我的孩子什么时候都喜欢读：早上起来想读；晚上回到家，书包一放下，就想读一段；甚至连上厕所的时候都要读上一段，所以我家的厕所里还有一个小小的书架。"你看，"何时读"在我的脑子里产生很多画面感。他又说："我的孩子都读些什么呢？你想不到吧？连大人都读不懂的《百年孤独》，有的时候他也拿起来看，而且感觉好像能读得进去哦。"你看，就这么一句话，我又觉得这个孩子阅读的水平、阅读层次，真的是超过我啦！然后他还说了："他读得怎么样？读得太痴迷了，有的时候上个厕所可能要上半个小时；有的时候吃个饭，连饭碗都没有碰，就读书入迷了。"你瞧这个爸爸说的都是一个又一个的画面。所以，请记住，说优点，我们要让班主任看得见，要有画面感。

第二个建议，说优点，要多方来印证。父母说自家小孩的优点，那是理所当然的，也是能够如数家珍的。可如果仅仅是从你的角度，单方面地说，很可能老师会觉得：是真的吗？有这样的优点吗？所以，我建议父母还可以说别人是怎么评价的。比如：他过去的老师如何评价他的阅读，他的姥姥是怎么看待他痴迷阅读的，他的同伴是怎么佩服他这么喜爱阅读的。甚至，连他的校外辅导班老师都找他借书。小孩通过阅读曾经还带来了写作上的便利：曾经获得过哪些写作方面的奖项，过往的成绩等，都可以提一提。还未发生的、未来的目标，也可以说一说。例如：将来，他还想把整本《百年孤独》看完，还想写评述呢……瞧，他人评价、过往的成绩、自己的感受等多方面表达、评价，这样他的优点就可以使人信服了。

第三个建议，优点要与班级的发展相联系。注意了，父母是在跟班主任沟通小孩的优点，而不是跟毫无关联的人自说自话，更不是一味夸自家的宝贝。所以，沟通的时候，父母要告诉班主任这些信息：我的孩子这些优点，可以为班级奉献，可以成为老师可用的力量，他能成为老师的好助手。父母甚至可以建议：老师，你可以让他管理图书角，这么爱阅读的孩子管起图书角来，那不是轻车熟路吗？他可以成为班级的学习代表，做好班主任的左膀右臂……实际上，当你把孩子的优点跟班级发展相联系的时候，老师就会更加关注你的小孩，还可能会更加着力开发小孩这方面优点。

关于沟通缺点，我们还有提示。缺点，沟通的时候要注意一条——明明白白、简简单单。请告诉班主任，我的孩子还有这个不足，请老师一定多多关照，同时我明确地告诉班主任，我知道自家孩子有缺点，请老师在教育过程中也着力帮助我们，看看能不能在教育过程中让孩子尽快把这个缺点改正过来。瞧，缺点明白讲、缺点不避讳，表示父母心里很清楚，表示父母希望老师多多关注这一方面。

当家庭和学校成为合作双方，老师和父母成为"一国"的时候，很多问题可以轻而易举地得到解决。同盟的力量，绝对胜过"个体户"。

第 10 课
聊小孩，沟通中要关注细节的力量

说了优缺点，似乎没有其他可以聊的了。当然不是，关于小孩，能说的话题无穷无尽。本课重点和大家说说：聊聊细节很有效。确实，不少父母觉得除了优缺点之外，不知道再介绍些什么了。人是丰富多彩的，哪里只是由优缺点构成的呢？

人的可爱表现在细节之处。

父母和班主任沟通时，如果时机合适，不妨把自家小孩的方方面面介绍出来。让班主任更加全方位地了解小孩，了解你的家庭，了解家庭的教育环境、教育观念、教育格局，这一点是非常重要的。优缺点，可以说是关于小孩沟通话题的"敲门砖"，本课是对上一课的补充。再跟大家提两个建议。

第一，建议大家可以有选择地聊小孩生活中的小细节。除了学习，小孩最可爱的地方就在于生活了，不谈学习，每个小孩都很可爱。生活中的孩子，简直可以用"诱人"来形容。几乎每一天，父母都可以在一个又一个生动又值得回忆、咀嚼、琢磨的小细节上，感受到孩子的可爱。

所以，请把小孩在生活中的一些小细节跟班主任聊一聊，我悄悄告诉你——班主任会特别喜欢。这不仅仅是我二十多年班主任工作的切身感受，同时也有心理学的依据。心理学上提出了一个概念——"认同感"。当父母和班主任有所选择地、节制地聊起家常的时候，班主任会觉得："嗯，和我家的孩子差不多。""嗯，这不就是咱家的孩子吗？""哎呀，这个孩子如果是我的，那也特别好。"小细节，能够引发认同感。原因很简单，班主任也是人，也是父母，也和大家一样有生活情调。

问题的关键在于，可以聊哪些小细节呢？首先大家要记住两个词："选择"和"节制"。节制的意思就是，不要说起来"没完没了"，不要做"长篇讲演"。所谓选择，可以参考以下建议：第一，可以聊聊话语中的小细节。父母平时和小孩对话，都说了些啥，有没有像智慧火花迸发时一样有意思的话，如果有，不妨跟班主任在沟通时聊一聊。有这样一个例子，过了十几年，我还记得特别牢。当时，我发现一个孩子很优秀，但是却在班级中结交后进同伴，而且还要好得很，两个人就像一对好兄弟。当时我很年轻，眼中只有优等生，于是我主动和优等生的父亲沟通，直接问："你知道吗，他最近和××在一起，好得很。为什么会这样？为什么结交这样的朋友呢？这会拉低他的水平，影响他的进步。"那位爸爸说："谢谢老师，我也很无奈，我当然很希望他跟班级中比较优秀的人玩。我也发现了这个问题。但是，当我和孩子说这个想法的时候，孩子跟我说了一句话，深深打动了我！"我很好奇，问是什么话。那位父亲转述说："爸爸，你希望我交优秀的朋友，但是你有没有想过，如果我是那个后进的小朋友，你是不是也希望我能够交到一个学习好的朋友，和很优秀的同学做伙伴呢？比如像我一样的。所以，我怕他很孤独啊，我要主动和他在一起。"瞧，孩子的善良不需要你去定义，孩子的善良不需要你的评价，小细节、话语中都带着善意。凡是班主任，一听到这样的信息，一定会更加爱护这两个孩子。

第二，建议大家可以选择沟通事件中存在的小细节。很多事情发生在家里，班主任不知道，把这些事件告诉班主任，特别是事件中的小细节，有助于在班主任心目中形成一个更加丰满、更加多元、更加生动、更加真实的小孩的形象。举个例子大家就明白：有一次我收到一幅画，这幅画就是用漫画的形式画出了我的形象。小孩的妈妈对我说："老师你看，我们家的宝贝出去学画画了，回来之后，就说要给班主任画一张画像。他还说何老师长得太特别了，脸圆圆的、眼睛圆圆的、嘴巴圆圆的，好像整个人就是个球。"当时我就乐翻了——我是个球。他还说："何老师最大的特征就是他的发际线，是一个英文字母 M。于是我的小孩根据您的造型特点，专门画了这幅漫画。画得很用心，画得很认真。"大家看，事件中的小细节，沟通的时候说出来，班主任会更加喜爱，让他感到心里很温暖。为什么？产生感情是需要条件的，除了一见钟情之外，人与人之间的情感需要借助各种细节，需要经历和交往。细节带来的就是交往中的感觉。班主任是"一对多"的格局，使得班主任分配给每个小孩的时间和精力不是那么平均，所以，提供事件中的小细节，能够让班主任对孩子产生更加丰富的认知。喜欢就产生在小细节中。

第三，建议大家可以选择让老师意外的小细节。这些小细节往往是老师的一些误解，或者说老师并未察觉到的地方。比如：父母觉得老师对小孩特别爱劳动这个特点并不了解，因为据说孩子在学校中大扫除的时候，表现得比较不积极，有点懒散。此时，父母就可以在某一次沟通的时候，有意跟老师说出让老师感到意外的小细节。这里有一个真实的故事。有一次，一个老爸为我做了细节描述。他说："何老师，你知不知道？昨天我在接我孩子放学的时候，等了好久。她出来之后，我问她，'你怎么这么拖拉呀？'我刚想骂她的时候，她告诉我，'值日生都跑了，教室里的卫生还没完成呢，我想明天班级要扣分了，怎么办呢？于是我一个人扫地、倒垃圾、排桌椅，我把教室打扫干净后才下来。'您说，我还能说什么呢？"注意啦，这个小细节的描述让我感到非常意外。为什么？因为平时这个小朋友有一点不大在意班级，她自己的卫生习惯还可以，可是她不是很热心班级的事。没想到就在这个"危难之时"她能够主动地去这样做，而且是在班主任不在场的情况下。各位父母都能明白，说出这样的细节之后会有什么效果。后来，我在班会课上狠狠地表扬了这个小孩。

　　这是本课说的第一部分，关乎"细节"。那么，介绍些小细节之后呢，偶尔还能透露一些小问题也不错。

　　每个小孩在家时很放松，非常"原生态"，所以也有可能是问题百出的。小孩的问题不是问题，是可爱。有时候，把这些小小的问题跟班主任分享，会增加班主任对他的喜爱。因为越分享，老师就越觉得小孩可爱。比如有一次，一个家长跟我说："何老师，我这个孩子太糊涂了！"我问："怎么回事啊？"他说："你看看，他今天出门，运动裤都穿反了，'屁股'穿到前头去啦。"我再一看，可不是嘛！父亲不讲，我还发现不了！这个小意外，经过爸爸跟我沟通，我自己再一看，你知道我心里产生什么感受吗？这小孩儿太可爱了。注意，可爱就在透露的这些小小的"短处"上。如果小孩太完美了，就很难被爱了，因为完美让很多人很难接近你。相反，有一些小问题，就显得特别真实。

此外，我们透露一些小小短处，也可以顺势拜托班主任多关注。比如刚才那个问题，父母可以接着说道："这个孩子实在太糊涂了。老师，您能不能在平时多关心一下，如果还有这种情况，您能不能提醒他一下？"瞧，透露一些短处，顺势拜托班主任关注，这不就是沟通的目的吗？顺理成章，合情合理，沟通更有意义。

第 11 课
如何介绍"另一半"

本课和大家说，如何介绍好自己的"另一半"。所谓"另一半"，就是你的配偶。爸爸跟老师沟通，介绍的是妈妈；妈妈跟老师沟通，介绍的是爸爸，这就叫介绍"另一半"。

首先遇到的一个问题是：有必要吗？

父母跟老师沟通，有必要介绍另一半吗？不用问，非常有必要！我在一线工作二十多年，发现一个有意思的现象——妈妈和老师联系多，爸爸几乎不出现。有的老爸，小孩都毕业了，学校大门一次也没进去过；更有的，连老师叫什么都不知道；我还遇过孩子读几年级了，说了两次都说错，第三次才讲对的爸爸。

大家说，有没有必要？如果彻底放弃另一半的教育力量，那就算了。如果希望形成完整的教育力量，那就好好读读这一课。特别是让"老爸"们，好好读读这一课。

介绍另一半，该怎么做呢？

第一，介绍另一半的职业以及职业特点。成年人，每一个人都是有工作的。职业决定了他在家庭教育中的教育角色、教育参与程度等。我在做班主任的时候，非常敬重医生，我也发现：凡是当医生的家长都特别忙。特别是有一些需要做手术的医生，他的一台手术有时候要经历六七个小时，进去手术室就出不来，而且期间电话不通、信息全无，班主任要找医生家长，有点难，有点人间蒸发的感觉。医生特别忙，如果是医生的另一半主动和我介绍："我先生是医生，在外科。"根据职业特点，我一下子就明白了，心里有所准备了，这样会更加关心他们的小孩。再举个例子，假如父母中有一位正好是老师，就是班主任同行。介绍的时候一说："老师，我的太太也是一个老师呀。"此话一出，沟通就找到了一个话语对接点，对不对？有了对接点，沟通就更加顺利了。因为有共同话题，双方都感觉到"我说的你能懂，你说的我也明白"。而且，越沟通越轻松。再举个例子，比如说，有位妈妈说："我的先生是个警官……"这样一说，班主任就能分析：警官，参与教育的时间就不确定了。案件一来，家都回不来啊。所以，班主任会更多一份留心。此时，妈妈如果再顺势说："老师，其实这个家，我一个人撑了很久，请多关照。"这样一说，班主任一定会更多关注小孩了。所以，另一半的职业，以及职业的特点，请让老师了解。

　　第二，介绍另一半的教育观。职业对个人的教育观、教育主张有一定影响。比如说刚才我们讲的那位警官，他可能常常办案，因此参与家庭教育的时间不够。但作为社会的卫士、精英人群，家长一定非常在意教育。老师也希望了解家庭是如何看待教育的，所以，介绍的时候，这方面的信息需要完整。况且，经过你的介绍，老师对你的另一半也会肃然起敬，对你们的家庭也有更多了解。介绍另一半的教育观基本上有两种情况：第一种，父母的教育观念合二为一。先生和太太两人对教育子女的观念是完全一样的，家庭中教育形成合力。如果属于此类情况，介绍的时候可以多说说"形成合力"的过程、统一的教育理念。这样，让老师也能了解来龙去脉，也方便融入教师的教育力量，形成三方合作；第二种，父母双方的教育观不和，爸爸主张这样，妈妈却持有相反的主张。此类情况该怎么办？遇到这样的情况，更要分别介绍，不要偏向哪一方，全部呈现后，让老师来帮你出出招。

实际上，"和"是一件好事，"不和"也能带来教育力量。给大家说一件"公案"。有一篇课文叫《"精彩极了"和"糟糕透了"》，讲述的是一个叫巴迪的小男孩写了一首诗。巴迪的爸爸是个大诗人，一看就说："这诗糟糕透了！"注意，爸爸有意这么说，其实也是一种鞭策、鼓励，或者说是从专业角度来看，有点"糟糕透了"。而妈妈一看却说："精彩极了，我的宝贝巴迪，你的诗写得太好了，你就是未来的诗人！"这是妈妈的教育观。"精彩极了"和"糟糕透了"两种观念结合起来，最后巴迪成功了，所以父母和与不和不是关键，关键在于把家庭中的教育观念和班主任分享，让班主任作出判断，让班主任为你出招。

第三，介绍另一半对班主任的问候，对班主任的敬意。这一点看起来似乎并不是很重要，但却一定要提醒大家注意。如果是母亲跟班主任沟通，母亲的话语中要转达另一半的问候。同样，父亲在这方面也不得马虎。这样传达一种信息——一家人都认可教师的工作，都尊敬教师。父母双方越是尊重老师，在老师心中留下的印象就越好。所以当妈妈跟老师沟通时，可以这么说："老师，今天我家先生正好没空，但是他一再嘱托我，向您表达问候，他有空了会再次亲自跟您进行沟通。"你看，就这么一句话，说起来简单，但意义非凡。越是简单，班主任越是容易记住你。请一定记住，代替另一半表达问候。沟通是要在班主任的认知里，树立起一种源自家庭的力量。

介绍另一半，也有不能触碰的"高压线"。请注意，绝对忌讳在沟通的时候说另一半的坏话。也许，另一半真的有问题，但再大的问题也要分场合、分对象地说。和班主任沟通，不要把班主任当作你情绪的"垃圾桶"。在和班主任沟通的时候，去数落对方，真的连自己都变得倒霉起来。例如有位妈妈和我说："老师，我们家那位太懒了，你看孩子今天这个样子，都是他爸不好，都在学他爸的样子。"父母双方都在和班主任的单方面沟通中控诉另一半的话，这样对方真的很不堪，也请给对方留点面子。给对方留面子，就是给自己留脸面。问题从来是双向的，所以这是大忌讳！

不过，另一半有特殊情况时，家长需要直接和班主任说明白。我就遇到过夫妻离婚后，法院将孩子判决给母亲，而父亲放心不下，又想和孩子接触，但母亲依法拒绝的情况。此时，母亲和班主任沟通时，要直接、明确地把这个问题和班主任说清楚，不得含糊。有此类特殊情况的家庭，父母任何一方在与班主任沟通时，要酌情处理，随机应变。

家庭中的任何问题，都不应该成为教育小孩的障碍，这是我们为人父母的责任所在。

第 12 课
介绍好家庭中的"教育力量"

本课,我们将和大家提出一个概念——教育力量。重点和大家说说,如何在沟通中,和班主任介绍好家庭中的"教育力量"。

首先明确,什么叫家庭中的"教育力量"呢?教育力量就是家庭中所有关心孩子成长的人的教育观念和教育行为的总和,我们可以看作是家庭教育的大背景、大环境。

你千万不要以为:爸爸是一种力量;妈妈也是一种力量……如果你这样数下去,力量无穷大,同时,力量再大都没用,因为分散了,白搭。

注意,当每个人各自为政的时候,没有形成合力,再多的力量也是非常微小的。当把儿女的教育发展寄托在一个人身上的时候,是很危险的,这就叫命悬一线。也许你会说,我的太太就是教师,她来负责正合适。我们建议:哪怕你的家人本身就是教育专家也不行,我们见过太多教育专家教不好自己儿女的真实案例。你也可以问问教育专家,他们会不会那样武断地说,我一人承担。真要说出这话的,就是假专家,连常识都没有。

一个人的教育经验，从某种角度看，都是偏见。偏见成为力量，最危险的是孩子。我相信你不会冒险。以我家为例吧，我是教育工作者，我太太也是个教育工作者，相对来说我名气比较大，那我家的孩子成长中的言行是不是都听我的呢？恰恰相反，我在遇到任何事情时，都会请教一下我太太，我都会听听她的意见。经常是我提出一种方案，她给我非常好的建议，然后我们融合一下，形成一个比较合理的方案。我们形成合力，从来不去比拼谁的想法新、谁的奇怪、谁的特别。我们重点关注的是，谁的比较合适，比较符合当下的情况，符合需要的那就是好的。

好多年轻的父母很喜欢西方教育的观点，总是说"谁在美国就怎么样"，动不动就说"人家芬兰如何如何"。我建议大家要冷静，外国的观念、行为不一定适合我们家的家庭环境，"新""奇""特"都带着一定的鲁莽与危险。最好的建议就是合适的建议，合适你家小孩的建议。

所以，我们必须参考家庭中的教育力量。再次和大家强调的"教育力量"，应该是家庭中所有和教育有关的元素的组合，是构成家庭教育的大背景。

显而易见，父母是力量之一，相信这不用赘言。我们提醒大家，还有一个很强大的力量千万不要忘记——家中的老长辈。我们界定的老长辈，就是父母的父母——爷爷、奶奶、外公、外婆。很多人忽视这股子力量，我们提醒大家，老长辈的力量不容小觑，甚至有的时候，他们的力量超越父母与任何有权威的亲戚。这个时代，青年父母很忙碌，经常没空，孩子多是由家中老长辈抚养，所以有时候跟老师沟通的就是老长辈。即便是父母去沟通，也要把这个情况和班主任做好介绍，让老长辈和班主任取得一定的联系，因为这就是家庭教育中的力量。

还有一种力量，是你家庭中亲友的力量。有的小孩特别喜欢舅舅，有的小孩跟姑姑特别好，有的小孩跟自己的表弟玩得比较来……注意，这些亲友是影响教育的关键力量。和班主任沟通的时候也可以跟班主任提及，比如说你可以这样介绍："老师，我家的这个小朋友啊，跟他的舅舅特别好。为什么呢？他呀，从小就跟舅舅在一起，舅舅带着他长大，而且舅舅是一个科技工作者，经常搞一些小制作。对于一个小男生来说，特别有吸引力，我家的宝贝今天喜欢机器人、喜欢制作、喜欢动手，都是因为受到了舅舅的影响。"父母这样一说，老师一听就明白——舅舅太关键了。以后，万一要培养小孩某一方面的特长，或者是应急找人，甚至可以直接和重要的人物沟通。亲友的力量，不要忘记。

还有一类，是伙伴的力量。在家庭中的每一个小孩都不是独立存在的，都有自己的玩伴。伙伴，也是种力量。不要以为独生子女就是孤独的，小孩都会找到伙伴，就算家中没有也有来自社区的。当然，如果你连社区伙伴交往都封杀的话，这本身就是不良的教育观。社区，就是家人生活的小小区域。什么样的社区，就都会带来什么样的教育状态。有的社区吵吵嚷嚷，如果孟母在世，依然要迁，对不对？有的社区邻居都是高雅人士，小孩自然就受到影响。我很得意地跟大家说，小的时候我生活在党报机关大院里面，上上下下都是文化名人，要么是编辑，要么是摄影家，不然就是画家，最多的是作家，所以，很小的时候，周围的叔叔、伯伯、阿姨都很有文化，我就被影响了。当然，很多父母说这样的环境我们不敢奢望，我们生活在农村。没关系，生活在农村，小朋友可以向大自然学习呀，"社区"就是自然，就是原野，就是村道，就是真实的教育现场。总之，我们得把这些情况介绍给老师。

教育力量就是教育的背景，教育的背景就是教育的综合力。老师了解得越多越细，对你的孩子越为有利！

这个"有利"指的是对小孩的帮助、辅导，能够更有方向，更有针对性。父母跟老师沟通教育力量，就是告诉老师：请注意，我的孩子如今有各种各样的表现，或者说有优势、有劣势，那都不是一方面力量影响的。老师了解得越多，在做出判断的时候就越准确，越有利于问题解决。倘若真有事发生了，老师不会太武断，不会做简单的判断。他会更多考虑"教育力量"。之前的沟通，就等于打了预防针。所以，父母把教育力量向班主任介绍得比较完整的时候，更有助于老师做出综合性、合理性的判断。

有句老话说的是"家家有本难念的经"。各位父母认识到的教育力量中，有没有短板呢？有没有薄弱的地方？有没有具体特殊的困难？有，每一个家庭都有。那么，介绍教育力量的时候，可以把自己面临的特殊困难跟老师讲一讲吗？这样的灰色力量能够直接跟老师沟通吗？

需要直接沟通，你的真诚和坦率，会赢得老师更多的理解与支持。

我遇到过这样的案例。有一次接手一个新班，有一个孩子是典型的后进生。他的妈妈跟我说了很多关于小孩现实存在的问题。最后，她告诉我："何老师，你知不知道每一个所谓的差生，背后都有一个非常为难的母亲。"这句话我记到现在。从那以后，我再也不会做出简单判断，不会说："你看，你会这个样子，肯定是你爸妈不管你！你看，你会这个样子，肯定是你爸妈纵容你。"我会在心里默念：天下无不是的父母。每个父母都有为难之处。孩子今天这个样子，很多时候，父母是有难处的。同样，孩子今天如此优秀，父母不知道要付出多少心血。天才，毕竟是少数。

所以，各位父母跟老师沟通的时候，可以把家中难念的经和老师念一念。

最后，介绍教育力量还有一种"后备作用"——万一老师一时找不到父母，可以找教育力量中的其他人，这样至少有个缓冲，有个应急之策。有时候，事情来得又急又猛，却又找不到家长，有了教育力量作为储备，老师的工作也有了诸多便利。更重要的是，让老师在第一时间能够为你家的小孩做出最为合适的教育选择。

第三章

沟通的内容要义

第 13 课
沟通中，何时了解学习情况为好

这一课，和大家聊聊时机。找准时机，沟通能够事半功倍。

小孩的学习情况，是沟通中最关心的话题，也是最常沟通的话题。究竟什么时候去了解小孩的学习情况呢？如何更好地把握时机呢？

先说说我看到的"了解学情"上的误区。每一对父母都特别关心小孩的学习，但经常在小孩学习出了问题之后才去沟通、了解。例如：妈妈察觉到小孩成绩滑坡了，着急地去打听是怎么回事；爸爸看到小孩作业错误很多，才去了解，准备亡羊补牢。当然，有行动都好，都为时未晚，不过这确实是被动的，是无奈之选。

我们非常了解各位父母的繁忙。如今社会的生活节奏太快，父母都有自己的工作，同时还要有自己的生活。有的时候一忙，一不关心，小孩的学习成绩就滑下来了。这个时候发现问题，才主动去沟通，真的算是"时机不对"。我们建议父母可以占据先机，做得更好。

怎么做得更好呢？我们先来说一个故事。这个故事叫作扁鹊治病。扁鹊是名医，他很擅长治病，很多病得很重的人到他那里，好像都能起死回生。于是，有人问扁鹊："你医术这么高明，谁能超过你呢？"扁鹊说："我哥哥比我厉害！我哥哥是怎么治呢？他叫'治未病'。"什么叫"未病"？就是这个人的病还没有发出来，还没有让人感觉到他已经病的时候，就把还没有发出来的病给治了。未发作之时，就是治病的最好时机。这个道理今天我们都知道，大家去体检，在各种问题的"早期"就进行治疗，都是属于"治未病"。

父母跟老师沟通，了解小孩的学习情况，要有一点"治未病"的状态，要立于"未"的时机。我们给大家三条建议：

第一，在学科教学开始之时，我建议大家和班主任沟通，去了解这一学科的学习要求。请不要忘记你们的班主任，必定是一个学科老师。所以请一定在教学即将开始或者刚开始的时候向他了解情况，例如：你可以这样向担任语文学科教学的班主任说："老师，语文学科最大的特点是什么？本学期我们的教学目标是什么？我们家长应该怎样辅助小孩把学习搞得更好？"其实，这样的沟通还有个意想不到的效果，让老师讲学科知识，给班主任一个展示专业素养的机会。让对方说擅长的话，给对方树立威信的机会，这是一种非常有效的沟通手段，在沟通中还能够获得信任、好感。经常有人问我："何老师，这个小孩的作文很头疼，该怎么办？何老师，这一学期课外阅读，我们该注意些什么？"我可以跟你侃侃而谈，越说越自信。但是如果你问我，汽车该怎么开？我就晕了。因为我没有汽车，也不会驾驶，你还追问，上高速开车该注意些什么？我根本就回答不上来。越问我越不自信，我甚至还觉得你是不是有意刁难。所以，在学科教学开始前或者刚开始不久的时候，向班主任咨询学科教学的方向、目标、要求，这是一个非常好的沟通内容，也是一个良好的沟通时机。

第二，在小孩的学习实践有困惑时，建议大家跟班主任沟通。什么叫实践有困惑呢？比如：父母发现小孩回到家闷闷不乐，精神萎靡，你就要感觉到有问题发生了。你可以问问他："今天是怎么啦？""有什么不明白、学不会的地方吗？"他可能会告诉你："哎呀，最近学了一个新的数学知识，我好像都没有听明白。"此时，父母可以追问："最近到底学了些什么，你有什么困惑？"了解问题之后，带着问题跟老师沟通，这就叫"实践中有困惑"之时。

有的时候小孩不善于表达，或者不肯说，特别是不想把自己学习上的困难跟父母沟通，那怎么办呢？各位父母，你们要学会观察。看看自家小孩最近一段时间回到家是什么状态，跟之前状态有什么差别。我相信你们也能发现问题。当然，最简单的方法，你可以帮助小孩检查作业，以此关注学情。这里我们顺便说说"陪读"问题。问题的关键是请不要再纠结于"要不要"的讨论，我们多去想一想"怎么办"的策略。比如说你为小孩检查作业，不需要逐题查看，你要做的是关注小孩的学情，发现他是否存在学科知识的缺漏。如果发现差错较多，就可以判断是新学的知识掌握不当，接下来可能还会出现考试成绩下滑等情况。这时，尽快和班主任进行沟通，获取小孩在学校的各种信息。

发现问题就沟通，真的是一个非常好的时机。此时沟通，治未病，还能在班主任那里留下非常好的印象。老师都非常希望家长能够主动地参与教育，能够很主动地关心小孩的发展。所以，当你的小孩有问题，处在"苗头"状态的时候，父母先于老师找自己之前找老师，其实老师是满心欢喜的，因为这有点"正合我意"的意味。至少，老师会觉得这个家庭非常重视教育，这对父母很靠谱，老师会感到放心。类似这样的家庭，即便小孩暂时有学业问题，老师也一点都不担心，而且老师很有信心，因为有家庭的参与，小孩的进步是迟早的。

第三，考试之后，也是沟通学习的好时机。先说明白一点，这个时机沟通，我们建议大家不要太在意成绩。分数不是关键，错误是学习进步的宝藏，找到解决问题的方法才是我们沟通的方向。这个时候的沟通，父母可以了解试卷的难易程度、班级总体情况以及自家小孩存在的具体问题等。千万记住，不要纠结在分数高低，不要纠结班级排位，不要因为分数的起起落落而带来父母情绪上的变化与不良反应。这些分数的短期变化，都是过眼云烟，如果为之影响，将影响沟通的效果。而且，倘若父母对学习的了解局限在分数上，那么我告诉大家一个秘密。这是我经过20多年的教学检验的结果。我很明白地告诉大家：小学时取得特别高分的孩子，到中学时，学习潜力未必都像想象中的那样大。相反，那些排位在第七名、第八名，或者是第十几名的小孩，到中学进步的空间特别大，而且发展的方向非常多元。中学的学习模式、内容、难易程度等，跟小学差距很大。父母沟通时，不以分数论英雄，才能让沟通更加愉快、更加有效。

本课说的是时机问题。其实，找准时机了，沟通也就顺利了。最后一句是友善的提醒：真要错过了，一定要弥补，亡羊补牢，也是无奈时的一种选择。这至少比什么都不做、消极应对好得多。

第 14 课
沟通中，如何了解课堂学习情况

在学校，最让人牵挂的就是孩子的课堂学习状态，最神秘的也是课堂学习状态。沟通中，父母关注的重点，也应该是课堂学习情况。本课就专门聊聊，如何在和班主任沟通中，了解孩子的课堂学习情况。揭开神秘面纱喽……

应该说，课堂学习是孩子进步的根源，同时由于其特殊性，父母无法观察到，因此应当成为沟通中的重点话题。我们先举个例子来说明：我经常在面对家长的公益活动中，号召各位父母参与听课时，不要盯着老师看，老师再看都是那个样，对不对？既然陪着孩子到了活动现场，就应该盯着自己家的孩子看。老师在课堂上做的很多肢体动作，也是为了吸引孩子。所以，请盯着自家孩子吧。看什么呢？看看他到底是怎么听课的？看看他在全程参与的活动中注意力集中吗？如果分心了，分心几次？听课时，参与度、和同伴的互动程度是什么样……我相信父母看一次就全明白了。明白什么？明白了为什么孩子同样进入一所学校，在一个班级，拜在一个老师门下，最后学习的差异会那么大。请不要总是说是"遗传""天赋"的原因，确实有这些因素的影响，但不能都归结于与此。特别是基础教育，尤其在小学阶段，学习结果和天分有关，和遗传有关，但并不是那样密切相关，更多的是和孩子的学习习惯有关。讲白了，就是在课堂上，孩子到底怎么学，学得怎么样？因此，了解孩子的课堂学习情况显得尤为重要。

那么，这一类话题的沟通，该注意些什么呢？

第一，请注意沟通的时候做到"以听为主"。既然沟通的话题是课堂学习，父母亲基本不知情，那么，各位父母不如先听听老师的讲述吧。听听老师描述自家孩子在课堂上究竟怎么学的。老师的讲述中，可能是大致的状态，例如：他是怎么听课的？他有没有及时参与？他有没有认真做笔记？和老师聊这个话题，一定注意，以听为先、为主，这也是此类沟通的特色。

第二，听后还要学会追问。这里的"问"，先提醒大家两个问题不要问。很多父母都爱问："老师，我的孩子到底在上课时表现好不好？我的孩子在课堂上乖不乖啊？"注意，好不好、乖不乖，这两个问题坚决不问！为什么？第一，问了没用；第二，孩子如果真的好好的、乖乖的，那并不是好事。明白了吗？课堂学习，我们问的时候要倾向三个"有"。第一，问问老师，我家孩子在课堂学习中有没有做笔记的习惯？记住，如果在小学阶段上课时就能够主动做笔记，比如：做些批注，做一些随笔随感随想，未来学习的潜力很大，当下学习也不会差。第二，问一问老师，孩子在课堂学习中有没有讨论的能力？他在讨论时，会听别人发言吗？能够和别人主动交往吗？联合国提出了未来人必备的能力中，就有一个

"会"，叫作会合作。与他人一起在课堂中学习，会不会与人合作，是小孩学习的关键能力。合作是不是说"我是最重要的，什么都听我的"？当然不是。你家的孩子再厉害，他也需要团队，与其凸显个人，不如学会借力。借什么力呢？借团队的力量。所以，你可以追问老师，孩子在小组合作中有没有倾听别人发言的习惯，或者孩子是不是总是抢着说，是不是总一个人独占鳌头。如果是，请不要高兴，请不要以为这是能力强的表现，这正说明他不会合作。第三个"有"是什么呢？有没有独立的见解。很多父母总爱问："何老师，我的孩子在课堂上有没有积极发言？"我说："积极发言了干什么，不要小孩积极发言，我希望小孩冷静发言。"发言是不是能表达自己的独特见解这才是关键。有的时候，小孩很积极，只顾着举起小手，就快要插到老师鼻孔里，还不断大喊："老师，我来，我来。"我们千万不要以此为荣。这么着急来发言，只会说出一些很浅显的观点，说出一些根本未经思考的观点。在这种情况下，"来"的次数越多，越不懂得思考，学习能力越低。

记住，这"三个有"很重要。一，有笔记习惯吗？二，有讨论能力吗？三，有独立见解吗？这"三个有"是各位父母在听完老师介绍后，主动发问时需要追问的。

第三步，建议跟老师沟通课堂学习情况时，父母主动提供一些信息。这些信息必定是教师还不知道的，因此你主动提供，供老师参考，也是请老师帮忙关照。第一，你可以说说你家小孩往日里的学习注意力保持时间大概有多长？这个完全是因人而异的，所以这个信息提供最重要；第二，还可以说说你家小孩性格上有哪些特点，比如：特别急、特别缓……把这些信息跟老师讲清楚，很有助于老师做出判断。第三，你还可以提供一些零散的信息，比如：小孩在家学习时状态是什么样的？分心时有什么特征？注意力很集中时是什么样的表现？可以把小孩的状态描述一下，这样有助于老师做出判断，也有助于老师跟你进一步沟通。

最后，我们还是要提醒各位父母，跟老师沟通课堂教学，最主要目的是"拜托"与"感恩"。毕竟老师是"一对多"的，有的时候可能会疏忽，有的时候可能会错过，有的时候会给特别在意自己小孩的父母带来一种冷漠的错觉。其实，这都是可以理解的，你如果想到老师的"一对多"，那么，在沟通的最后，完全可以直接向老师表达你的感恩。例如可以说："老师，谢谢您往日对我家小孩的关心。这样的关心对我们全家而言，都是一种鼓励与鞭策。我们一定也会关注小孩，让他成为您的好助手。同时，也拜托老师继续关注我家的小孩，如果有做得不够的地方，一定告诉我，我们一起帮助他进步。"看到了吗，可以这么说，别不好意思。这是人之常情，是为人父母的一种责任，也是父母的义务。所以，拜托的时候要大胆，要真诚；感谢的时候也要大胆，要真心。

与班主任沟通课堂学习情况，父母掌握了第一手资料，对小孩的发展大有帮助。课堂学习保证质量了，学习成绩就基本没问题了。其实，小学阶段的问题，大多都出在课堂。听课质量，决定了学业质量的一大半。课堂，父母监管不到；沟通，能帮上大忙。

第 15 课
除了发问，还可以如何沟通

在大多数情况下，我建议大家用发问的方式和班主任沟通，特别是父母不知道孩子在校期间的表现，更要多问问。也许各位父母已经有所疑惑，提出一个问题：只是发问吗？

当然，不能仅限于发问。父母和班主任沟通，即便是了解孩子在校的学习情况，也需要进行信息交流。沟通，就是话语交往，信息交换。很多父母会不停地提出问题，这方法确实不错，但在沟通过程中，也可以有更多的好方法。

有些沟通的方法，既简单也好操作，本课将和大家分享这些方法。

方法一，可以主动介绍父母的观察片段。你观察到自家小孩在家是怎么学习的，你观察了解到自家小孩在学习和生活方面到底有哪些特点，你可以把这些信息向老师做好介绍。当然，父母也可以主动介绍观察到学习过程中发生的具体事件。记住，班主任特别喜欢家长与老师沟通时，能够介绍一些具体事件，越具体，越有画面感，越好。比如有一次，一位老爸就告诉我："何老师，最近你老是给他的作文评高分，千万不要被他骗了。"我说:"怎么回事?"他说:"他都在家里抄作文呢,他为了得到你的表扬,每次你布置一道作文题,他就找来相关文章改头换面,抄一抄交给你。"了解了这个事件后,我告诉这位爸爸说:"你家的小孩写作还好,我觉得目前他遇到的困难是暂时的。因此,当他面对全班统一布置的命题时,别人可能写得很顺畅,但对于他来说真的需要借助外力。能怎么办呢?这个时候只有抄了。我相信这是被逼无奈。如果你们可以提供有效辅导,相信他不会走到这一步。不过,他抄完了以后交给我,我也认可,也接受。抄写后,他的心思会更加细腻,他的自信也会慢慢加强。所以,目前这个阶段,让他抄。虽然我们都知道他是抄写的,但是我们还是要给他鼓励。"那位老爸认可了我的意见,也承认自己从来没有辅导过小孩。后来过了两年,孩子的作文真的进步了。看,当父母主动和老师介绍一些他们观察的片段时,真的有助于老师做出判断,也有利于父母实施合理、合适、合情的教育。

方法二,父母在沟通中可以和班主任有所约定。不要一直提问,父母可以和老师在沟通时做一些约定。你可以说:"老师,接下来我们约定一个时间,做一次更加完整的、全面的沟通,如何?"或者说,"老师我知道您很忙,有的时候我给您发微信,您就不要回啦;有的时候给您发短信,就是告诉您一些信息,供您参考就可以了。"你看,沟通中的约定多么温馨啊。你还可以这么说:"老师,有事您随时联系我!"这是父母许下的一个承诺,老师接到这样的承诺会感到安心。确实,有时有突发事件,老师也不知道能不能马上联系你,因为有的家长工作比较特殊,这样的承诺,无疑是一颗定心丸。你可以告诉老师:"放心,只要是孩子的事情，欢迎老师随时联系。"沟通是相互的，你也同时可以告诉老师："老师，有的时候遇到急事，我也会随时打扰你，请您谅解。"这就是一个约定。

有意思的是，父母还可以和班主任约定一些沟通的"暗号"。

有的时候，孩子会对老师与父母的沟通感到好奇，看到老师发来短信，会去翻看爸爸妈妈的手机。这个习惯是不好的，所以可以约定有意思的"暗号"。还有一点需要注意，孩子发现父母和老师沟通的信息之后，可能会产生一些影响，这样我们观察到的现象就有可能失真了。约定一些"暗号"，让沟通游戏化、趣味化，还是不错的。这个我们说清楚，此方法可能需要在班主任是年轻教师的情况下进行。因为，只有年轻人才有这种心态，才有这样的沟通特点。如果父母和老年班主任或退休前的老教师沟通，这一条也就不用考虑了。

当然，最需要约定的，就是请班主任给予自己孩子更多关照，而我们在这部书中不停跟大家强调，家长让老师关照自己的子女，不要羞涩、不要遮遮掩掩，要直接表达。这种表达既是一种感恩，也是一种表态，更是一种约定。"请老师多多关照"这个愿望的表达，要理直气壮。

方法三，父母也可以在沟通时从育人的角度出发，跟班主任聊一聊，我对孩子的未来怎么看，有何种设想。沟通，不仅仅局限在当下，还可以聊聊未来。比如：父母发现孩子特别注重学习，丢一分都很难过。那么，针对这个现象，面对这样的学习状态，父母可以跟老师聊一聊如何看待人的成长，如何培养孩子，让其全面发展。父母和班主任可以围绕着全面发展的培养观念去沟通。说实在的，不要太在意成绩，当下的成败绝对不能说明问题。二十多年的一线教学实践让我发现，孩子毕业多年后，回过头来看望你的，或者说生活小有所成的，未必是小学时候那些最优秀的孩子。很多时候让我感到意外的是那个不起眼的人，常常见面会说："啊，居然是你！""哇，你现在是这个样子啊！""哎呀，你居然读这样的学校！"意外，就是因为对人的发展观念过于狭隘。所以我们建议父母跟老师沟通的时候，格局要大，眼光要远，不要太小气、短视，不要太在意、纠结。家长只有豁达了，目光只有长远了，沟通才能更愉快，也才能更加有利于孩子的发展。

向班主任了解孩子的学习情况，父母不要老是发问，你可以跟老师聊一聊你的观察所得，也可以跟老师做一个约定，同时还可以跟老师畅谈你对教育人的观点和主张。可以沟通的内容很多，沟通的方式也很多，大胆尝试吧。

第 16 课
沟通学情后，父母要做什么

本课和大家说一说：在与班主任初步沟通，父母了解孩子的学习情况后，还要做些什么？还可以沟通什么？

记住，初步了解了学习情况，仅仅迈出了关键且重要的第一步，但沟通不能就此止步。

了解学习情况，这属于第一次沟通。之后还要进行第二次、第三次……这期间，建议大家做到三点：第一点，叫静一静；第二点，叫看一看；第三点，叫想一想。

所谓"静一静"，我们建议大家初步沟通后不要马上做出反应。以前开家长会，开完之后我都很担心。为什么呢？毕竟家长会中反映出来的问题很多样，记忆中常常有这样的情况：教师向家长反映孩子在学校的表现情况后，当天晚上孩子可能就会挨批，甚至挨揍。所以我们建议各位父母不要马上做出反应，让自己静一静。记住"立刻做，容易错"。

强调一遍：立刻反应，你犯错的概率就很高，即便是班主任给父母反映的情况基本属实，也存在班主任了解不周全、反映信息还需要勘正的情况。所以"静一静"很重要。

那么，"静下来"做什么呢？仔细地观察自己的孩子。

父母一定要相信自己的孩子，父母更要看一看孩子的反应是什么。注意，把自己观察的结果和老师的反映情况做一个比对，印证老师反映的情况，同时也修正一下这些信息，让自己即将做出的决定更加周全。这我们称之为"看一看"。

接下来，就是想一想。想什么呢？想一想下一步我们该怎么办，想一想下一步我们跟老师之间如何加强合作。记住，想一想再做，"预则立"，事情会做得更漂亮。同时，做什么，步骤如何，都可以思考。而不是莽撞地批评，或是责骂，甚至是体罚。

这三步，请大家记住：静一静，看一看，想一想。

然后呢？我们还可以做什么呢？对，还可以跟孩子沟通。请注意，父母跟班主任了解学情，是迈出重要的第一步，所以还存在第二步。

第二步，我们可以跟孩子沟通。跟孩子聊聊，这很重要。跟孩子聊天有三点请大家注意：第一点，不要故作神秘，或故作"神通"。其实，在这个时候，父母已经跟老师沟通过了，已经了解了一些孩子的情况。不要像审问犯人一样和孩子沟通，如：你说的我都懂，说吧，老老实实说；你不说我还可以告诉你，所以建议你说实话；说出来，你要是说错了我就给你指出来……注意，这样的话，就叫故作神秘或故作神通。这不是平等沟通的状态，孩子长期在这样的沟通氛围中，只会越来越会说假话。各位爸妈，我们跟孩子沟通，千万不要居高临下，不要以"我是你老子"的状态跟他聊，不要以"我生了你，你这一辈子就属于我"的这种心态跟他谈。请想明白：和孩子沟通的目的，如果是为了让孩子有进步的话，请千万让他能够通过沟通有所改善，而不是经过沟通更加害怕，学会撒谎。所以，请记住民主平等原则，父母不要装、不能站在高位，要自然沟通，让孩子能够进入状态。

第二，不要冷嘲热讽，也不要一味表扬。什么情况下父母容易冷嘲热讽呢？就是当孩子的表现不尽如人意且被父母发现、被班主任告知的时候，父母有可能会对孩子冷嘲热讽。特别是从班主任那得到"不好的消息"，有的父母觉得没面子的时候，容易迁怒于孩子。请记住，即便有不好的事情发生，那都是"过去的事"。所有传递给你的信息，都是为了孩子"明天会更好"而提供的参考。当然，也有老师会反映："你家的宝贝太棒了，在学校表现一切都好，真是一个有教养的孩子。这个家长你真是做得非常好，你的家教很成功。"这个时候，父母可能会开心，于是就一味地表扬，那么这次沟通可能就埋下另类的失败种子了。

第三，建议大家就事论事。我们可以结合小孩在学校的表现，或者在学习方面某一件具体的事来沟通。解决问题是沟通的关键，解决问题才能向前迈进。所以过去的事你不要讽刺他，过去的成绩也不要表扬过头，"解决当下问题"才是关键。

这样的事例很多。例如我就曾经遇到一个孩子，发现其最近一段时间，学习成绩退步了，为什么呢？我观察后发现，问题出现在他拥有的"新工具"。于是，我跟他爸爸妈妈沟通了，我说："你们给他买了一块手表，这块手表又能看时间又能录音，还可以听音乐，非常高档，所以整节课，他不听课，也不看老师了。他看什么？他看手表，听音乐。"我把这个情况向父母反映,这对父母非常理性,在获悉情况后,并没有回家没收手表,也没有责骂孩子。父亲做的第一步是回家,也进行观察。他发现老师说的是真的,孩子做作业时,也想着手表,可以确定手表确实是学习退步的问题根源。然后,父亲跟孩子聊了聊:"哎哟,宝贝,你最近学习成绩下降了,你知道为什么吗?根据爸爸的观察,你刚才做作业半个小时,有 16 分钟都在跟手表打交道。"孩子一听:"哇,爸爸,你太厉害了,还计算了时间,搞得这么精准!"沟通中,孩子感觉彻底服了,主动要求让父母代管一段时间手表,因为他觉得自己也控制不住。这位父亲说:"手表真的已经成为你学习的障碍了,但是手表是你的,你说该怎么办?"孩子说:"那我就交出来嘛。"这个时候爸爸说:"不要,不要,我相信你有这个能力,能够控制好。我们接下来商量,该怎么办?"孩子就说:"哎呀,我控制不了!手表太好玩了!"那爸爸说:"那你想一想吧。"孩子自己说:"那干脆我以后做作业时把手表放在你那,做完再取回。上学也不带去。"爸爸说:"太好了。"

你看这就是我们要的结果,要让孩子自己说出来,自己和我们做好约定。这就是一个真实的案例,解决问题是沟通的关键。

当然,我们最后还要说说每次跟孩子聊天,在结束的时候,父母也不要忘记鼓励孩子。我们之前说,不要一味表扬,但是我们更不应该冷酷无情。在沟通快结束的时候,我们要给孩子一些鼓励。因为孩子就是孩子,孩子需要鼓励。鼓励他,告诉他,接下来该怎么做。

还要强调一点:表扬不等于鼓励。所谓鼓励,我们不仅要表扬他,还要告诉他接下来怎么做会更好，要给他指一个方向，这就是父母的责任。表扬，可能停留在简单的"你真棒""好爱你"等话语上。我相信大家能区分，能沟通好。

第 17 课
考试成绩这个敏感话题如何沟通

来了，本课的话题是全书最为敏感的，我们将和各位父母分享与班主任沟通考试成绩的心得。不用说，光"考试"两个字就足够吸引眼球。任何年级，考试都是焦点，成绩牵动着每个家庭的心。

沟通话题开场，应当特别强调：成绩并不重要；通过成绩看问题并不客观全面；成绩不能说明一切。

但是，即便我们这样说，大家在心里也会发出声音——成绩就是父母最关心的一个数据。

我们可以分两种情况来说明。第一种情况，你家的孩子考试成绩特别好。在这种情况下，如果父母要跟班主任沟通成绩，我们有几个建议：第一，建议不要当面聊。孩子今天考了一百分，父母就上门去找班主任表达感谢，意义虽然有，但不大，况且时机不对，方式也不大合适。考试得满分，好好鼓励孩子就行。也许有父母认为一定要向老师表达感谢，我们也建议更换沟通方式，比如：发一条短信、一条微信，用这种方式低调沟通，可能会更加合适。沟通的内容也要简单，不要长篇大论，表达感恩就好。

　　第二种情况是正好相反，成绩不佳，甚至对比上一次，下滑很大。这种情况更常见，有时还表现为成绩的反复上下波动。这种情况怎么沟通？此类情况是我们说的重点。在我20多年的一线教学中，从未看到一个孩子的成绩是"一贯优秀"，即便是遇到传说中的"神童"，也有遭遇滑铁卢的时候。假设孩子成绩不佳，父母该怎么和班主任聊一聊呢？其一，沟通时，父母可以说说孩子在家的近况，最近到底发生了什么，孩子的表现怎么样。所谓的表现，不是乖不乖、好不好等，而是在学习上的细节表现，父母描述得越是仔细，越是提供了可贵的参考信息。其二，父母也可以请老师介绍这次考试的情况，例如：试卷难易程度、班级基本状态，还可以听老师说一说，最近一段时间小孩在校的学习情况……这一切的沟通，称之为第一板块。第二板块更重要，可以具体针对错题进行咨询。当然，咨询班主任之前，可以先和孩子聊一聊"为什么错""当初怎么想""再给你一次机会，你会怎么回答"。当父母拥有了孩子的信息之后，再和班主任沟通，和任课教师沟通，就更加有数了。例如：这一道错题，孩子认为是"粗心惹的祸"，而班主任认为是"学科知识缺漏"导致，粗心只是障眼法。父母心里就更加有数了，回去不要一味提醒"要认真啊"。说了多次"要认真"，还是认真不起来，原来问题不出在"认真"上。不过，所有围绕错误的沟通不要有"火气"。把我的教学经验分享大家：错题价值重大，错题反映出来的是知识断链处，错题是进步的开端。所以，在和班主任沟通之后，回到家里，还可以和孩子转述班主任的意见，和孩子一起分析。

为了说清这个太多人误解的问题，我们必须举个真实的例子。语文学科上错得最厉害的、丢分最严重的，就是两道题：短文阅读以及短文分析。不少孩子和父母都认为是因为马虎而错。"你看，这道题叫你填三个，你只填写两个；叫你选择四个字，你只写了三个"这样的话常在沟通中出现。还有更厉害的批评："要你回答一道论述题，你却三言两语讲完，你怎么这么马马虎虎啊？"各位，其实这里不存在"马虎"一说，马虎的背后是两种情况：第一种是"真的不会"，不会选择、不会判断、不会思考、不会表达，不会，就要去学；还有一种情况叫"能力不足"，会，但只达到了一半，还剩下一半，孩子根本没有达到完整解释的能力。所以，沟通揭示问题本质，确实有必要。

沟通之后，父母要想一想，接下来该怎么办呢？

我们继续沿用刚才那个案例，给出一些建议。小陈同学在考试中，短文分析丢分严重。妈妈很着急，跟老师聊完后发现问题的根源是"阅读量太少了"。读得不够充分，非要去"分析"，那不就是胡说八道吗？不就是挠破头皮去做题吗？于是，妈妈决定用接下来的一段时间加大阅读量。阅读量先提升上去，读得多了，自然对文字表达的方式就熟悉了，对文字表达中的秘密也就熟悉了。老爸也可以出主意，可以怎么办呢？当然还要做适当的题型练习，让孩子娴熟地运用答题技巧答题。虽然我们这个话题讲的是沟通，不是考试，但顺便给大家做个提醒——考试中的答题技巧，需要通过练习，在熟练中提升。特别是如果父母希望在短暂的时间内提分，应对考试，答题的技巧要娴熟。

父母跟老师沟通学习成绩，特别是在成绩下滑的时候，千万不要太纠结。考试成绩，仅仅是孩子阶段性的状态，是学习结果的一种反映，除去试卷因素之外，还有很多问题都包含在其中，需要父母、老师和孩子更深入地沟通。一次成绩绝对不能说明你的孩子学习本身是好还是差，沟通之前，父母要对此有正确的认识。这样，沟通起来才会比较自然。

最后，说一个我家孩子的真实案例。2018年春季的期末考试，他考得很差。作为两个语文老师培养出来的孩子，我们也有点接受不了。他的语文成绩只有80多分，怎么办？我和太太没有打、没有骂，认真分析了试卷。太太和儿子的班主任沟通，一起发现问题的根源所在；我在家中观察，发现具体现象。孩子痴迷拼装机器人，外加练书法、锻炼身体，确实时间不够，复习不充分，阅读量不够。因为读不够，所以不爱读。于是，我们就做出了调整——暂停一些特长班，为他提供了几本有趣的书，引导他爱上阅读，书名叫《想当然梦游阅读国》《想当然漫游阅读棒棒堂》。这几本书中有知识、有技巧、有方法，同时还带着一些习题练习，非常适合不爱读、阅读题大量丢分的小孩。果然，他很喜欢，重新回到阅读的路上。我们还告诉他，在这段时间内，除了看这种技法书之外，要更多地进行自由阅读。用自由阅读替代一些"刷题""玩机器人"的时间，让小孩自己做好选择，我们帮助他做好调整。

各位父母，沟通后有针对性地实施策略，这才是重要的。沟通前认识清楚，这就是前提和基础，也是沟通有效的保障。

第 18 课
如何与班主任聊作业情况

我想,再也没有什么比"聊作业"更为常见的沟通了。作业,是沟通的高频话题。本课,针对作业问题,和父母聊聊与班主任沟通的技巧。

沟通,应该看作是一个阶段的"休止符",而沟通之前的前期工作,也是不容忽视的。和班主任沟通小孩的作业情况之前,各位父母应先观察小孩到底是如何完成作业的。这会作为接下来我们和班主任沟通时的"谈资"。

这里,不妨插入一个观点。

在我二十多年的教学经验中,发现了一个很搞笑的现象。很多父母根本不知道小孩有什么作业,做了些什么作业,是怎么做作业的。好多父母认为做作业就是老师该负责的,做得怎么样,有老师来批改、检查,与自己无关。在中国的家长阵营中,甚至还掀起了"要不要陪读"的大讨论,呼声一浪高过一浪,基本是一边倒地认为:把作业交给老师,这是他的本职工作。

作业是老师布置的,应该由老师负责。但是,你的小孩在家里完成作业，你必须关注。从来不存在老师将责任转嫁给父母这一说，小孩是你的，如果在家的学习活动你都不予以监督和辅助，你还指望老师能"远程遥控"？如果是那样，你真的是把老师当作"神"了。注意，老师是人，你家的孩子是人，父母也是人，咱们三个人在一起就是"众"。众人在一起就应该是"众人拾柴火焰高"，只有这样小孩的学习之火才能熊熊燃烧！各位，负起责任来吧，一起形成教育合力！

我们接下来讲：跟老师聊作业，可以从介绍开始。介绍什么呢？介绍小孩在家做作业的情况到底是什么样。可以根据之前的观察，主动介绍。当然，班主任一定会问，等到问了迅速回答，也是不错的选择，至少说明你非常了解小孩的学习情况。例如，老师问："你家宝贝在家，都在什么时候做作业？怎么做？昨天晚上都做了些什么？"这时候老爸侃侃而谈，真的很有自信。否则，一定是一问三不知，而且还要尴尬地赔笑，说："抱歉，抱歉，老师，我刚刚出差回来。"别以为你说"刚刚出差回来"能解决问题。如果真的那样，就请妈妈来吧。此时，如果妈妈一上来就说："哎哟，抱歉抱歉，最近是寄在爷爷奶奶家……"这就穿帮了，说了半天，父母都不懂孩子怎么做作业的。什么都不懂就来沟通，那不是可笑吗？

所以，有必要再强调一下，和班主任沟通这个话题，家长至少要知道以下几点：第一，小孩何时做作业？是玩够了再做还是做完再玩；第二，小孩怎么做作业？是认认真真做，还是边做边玩，还是做一半又是喝水，又是吃苹果，又是尿尿；第三，他做完作业后，还做了些什么呢？

接下来进入沟通的第二步,询问。询问的关键是什么?关键是"空间"。第一,父母可以问问老师:"我的孩子在校期间如何面对作业?"请各位父母注意喽,作业严格上来说,可以分两块:一块是在家的家庭作业,另外一块是在校的。在校期间也有作业,课堂练习也是一份作业,这份作业你家的小孩是怎么完成的呢?如果你完全不明白,这个时候就可以问问老师。既然不知情,那么课堂作业的完成情况就是我们询问的重点。

第二,还可以问问老师:"我家的小孩到底是如何订正作业的?差错情况如何?"注意,做了作业是一回事,订正作业是另一回事。父母要搞清楚,做作业为的就是能够发现错误,然后弥补学习上的缺漏。这句话,一定要记在心里。当作业中有差错时,你要当作发现了宝贝一样看待。因为有了差错,才有订正的机会,有了订正的机会,才有进步的可能。所以,此时的询问,可以问到关键点:"老师,我家的宝贝是怎么订正的?是听老师讲评后订正呢?还是抄写别人的订正?自己订正一遍后还有没有继续犯同样的错啊?是否有锲而不舍地订正?"瞧,想不到可以这样问吧。而且,在老师回答之后,还可以追问:"结合这些问题,我该怎么办?"现实中此类的事例很多。有一次一位父亲问我:"何老师,你看,我家的孩子完成阅读作业特别来劲,因为他特别爱看书。但是好奇怪,他看了那么多书,写起作文来语言依然像白开水。你不是说阅读了就会写吗?怎么他阅读了半天,还是不会写呢?"我问他:"你家孩子读了些什么书呢?"他一说书名,我就说:"这些书像饮料,很刺激,但是它不能够带来写作的转变,尽早戒除!"后来,我们围绕着"读什么书才能进步、才能会写"展开讨论。瞧，你把问题抛出来，问一问老师，你就可以得到更多的答案。这些答案都有助于孩子进步。

聊作业的最后一项，我们还可以聊设想。别忘记了，老师的沟通格局是"一对多"。既然你获得了跟老师沟通的机会，父母和老师之间的沟通就属于一种私约。在私约的情况下，有话就说，有什么想法就当面提出来。相信只要是合理的，老师一定会支持。以我的小孩为例吧。有一段时间，他的成绩退步很厉害。我们分析是阅读量不够，导致阅读测试无法顺利完成。于是我就跟老师沟通，直接表达了我的需求，说："老师这一段时间，请您给我一点小小的权限。凡是遇到一些抄抄写写的作业，他先不做了，重点保证他每日阅读的时间。读多久呢？读两个月。两个月后接下去正好是暑假，等于再加两个月，保证阅读小半年。我相信他一定会有进步，应对考试没问题。其他的思考类作业，保证完成。"后来，我们和老师坚持按照这个约定执行，孩子的成绩回升了。记得当时我把这个想法直接跟老师沟通的时候，老师很惊讶。因为我们是同行啊，老师从我们的沟通中也发现："哇，你说的还真可以算是一种方法，而且我相信，这个方法对于你的孩子来说，就是一个好办法。"这就是我和老师私下达成的协议。既然是私下沟通，那么就是一种私约，不妨约起来哦。

做个总结吧。围绕着"作业该怎么办"的沟通，建议父母可以直接说出自己的想法。但是，补充说明一句：一切的想法都要建立在父母真正关心孩子的学习、真正关注孩子言行的基础上。而且，事先要做好家庭观察，将观察结果作为沟通的前提。

记住，不打无准备的仗！沟通其实也一样，要知己知彼。"己"指的是自己的孩子，也包括父母对自己家庭教育观念和言行的认识；"彼"自然就是老师，尊重教师，直接、真诚地沟通。

第 19 课
如何提出"调整座位"的要求

调整座位,应该是沟通中常见的话题之一。父母对孩子在班级中的座位总是非常在意。有的家长,简直把座位当作衡量孩子在班级中生存状况的指标,当作是教师是否疼爱自己孩子的依据。当然,沟通调座位最根本的原因是身体原因。不过,即便是有个近视的孩子被安排坐在最后一排,沟通的时候也是要有所讲究的。本课,就跟大家说:调座位的要求该怎么提?

在学校期间,关于座位的调整,基本上有三种类型:第一种情况叫"前后调整";第二种情况叫"调整同桌";第三种情况叫"替换组别"。如果你只是笼统说"调整座位",也许结果并不如你的心意。

我先把这三种情况跟大家做个分析:第一,关于前与后的调整。很多父母希望孩子往前坐!往前坐!往前坐!各位,实际上前与后并不是特别重要。为什么呢?位置前后产生的学习效应,关键还是看孩子。有的时候虽然坐在前排,但也许是教师视野盲区。以我为例,我讲课的时候很喜欢往后排走,走着走着就走到了教室最后,还有时候会停留在那里讲课。为什么？因为那里的小孩很少得到关照，所以每当我走到那里的时候，他们都很认真地看着我，我很享受这样的注视，所以在那里停留的时间就更长了。大部分老师讲课的时候会走到二三排的位置。很显然，第一排反而没有被关照到。第一、二排，就是我们讲到的教师关注盲区。所以，不要一味地向前冲，坐在最前排，也许反而没有得到你想要的关照。

第二，关于同桌的调整。同桌，是调整座位的关键。一个好同桌，几乎等于一个好老师。那么必须和大家说清楚，什么是"好"呢？很多爸妈说："我要孩子跟班级中最优秀的同学坐在一起。"抱歉，最优秀的同学不是"最好的同桌"。所谓好的同桌，应该是适合你小孩，跟你孩子比较合得来的，这才叫好同桌。为什么？同桌几乎决定了以下这些细节。首先会决定你的孩子上课能否专注。假如你的孩子比较好动，还来一个好动的同桌的话，可能会产生老师控制不了的局面。此外，好的同桌能产生辅助作用，比如在课堂上的作业评讲时，好同桌能够和你的孩子互助。讲评过程中，需要考量综合能力：一、你要听清；二、你要看清自己的问题；三、你还要能改得下去。所以，同桌互助在各种作业评讲学习活动中，都是很关键的。在课堂讨论时，有一个好的同桌就有了交流思想、交换意见的对象。如果孩子的同桌沉默寡言，当老师组织讨论时，孩子找他，他不说，这样会造成时间的浪费。所以说同桌的选择，真的非常重要。

第三，关于组别的调整。确实，有的时候这个小组有集体沉默寡言的气质，那个小组就有集体积极进取的状态。选择好组别，几乎决定了小孩在学校期间的"士气",决定了合作能力的发展。所以有的时候调整一个组别也是调整座位的沟通内容,也可以作为要求提出。

那么,调整作为沟通的内容,该如何进行呢?第一步,说说现状。所谓的现状,应该从"感恩"说起。千万不要一沟通就开始抱怨。孩子进入班级,不管坐在哪里,都是这个班级中的一分子,都得到了老师的关照。所以,请从感恩说起。感恩后再提要求也算合乎情理。不过,太多父母在进行调整座位的沟通时,一上来就开始发牢骚,甚至埋怨老师不公平。例如:"我说老师啊,我那个小孩很乖,可是你怎么给他安排了这样一个同桌啊……"之后,开始数落别人家的孩子,好像别人家的孩子总是不好,就自己家的孩子天下第一。沟通时,一上来就抱怨,会带来一种反感。所以,我们建议大家首先说说现状,如今你的孩子座位在哪里、同桌是谁、组别是第几组。现状说清楚,说明父母很了解孩子。再次强调:由感恩说起。

第二步,说说设想。父母在沟通的时候可以说出自己的预设结果是什么,直接和老师交流。说设想的时候,建议父母可以从自家孩子的特别之处说起,从孩子的发展方向来谈。父母在沟通的时候,不要只看当下,要用发展的、全面的眼光和老师沟通,聊一聊自己要求座位调整的出发点和原因所在。这显得尤为重要。要提醒大家注意的是,父母和班主任沟通调整座位,谈的是设想,是对未来调整后的畅想,是希望,不是对班主任提出的命令。请不要把这段话当作笑话看。太多父母说着说着就成了命令:老师,请帮助我调整到这个位置。命令的口吻、命令的内容,不知不觉中就说出来了,沟通,也就终止了。同时,命令还要牵扯出第三条提示。

第三步，说的时候请小心。所谓"小心"，就是请大家顾及多方，不要唯我独尊。即便是直接提出了调整座位的要求，我们依然希望各位父母对班主任的工作多一些理解。沟通时要特别注意说话的语气、方式，沟通不是命令，调整座位的沟通千万不要咄咄逼人。我接到过很多家长调整座位的沟通要求，当时不但心里不乐意，还很反感。为什么？家长一来就说别人家孩子这样不好，那样不好。要知道"别人家的孩子"，也是班主任的学生，和"自己家的孩子"其实是一样的。此外，家长还无休止地说："老师，下一周，最迟到下周一，一定要帮我的孩子调整到我希望的座位，我们再也忍受不了了！"你看，他给我下达了一个"死命令"，可是我真的做不到。这个世界不是围绕着一个人转，当你跟老师沟通"调座位"的时候，兴许还有别的父母也跟老师说到这个话题，不要认为老师是为你一个人服务的。不断提醒大家记住，班主任沟通的总体格局是"一对多"。父母在沟通的时候，要注意对象。你沟通的对象是班主任，是个统领全局的人，是一个要照顾多方的人。所以，我们和班主任沟通，要更多地站在理解的立场上，多站在班主任工作的角度去思考。

最后，我们有一条要说明：倘若你家孩子在身体上确实有特殊的原因，我们建议你还是不要绕弯子，直接跟老师做一个慎重的交代。比如说我当班主任的时候，有个小朋友的爸爸告诉我："老师，他老是坐在第四组，能不能给他调整到另外一组？"我问原因，他说："我的孩子有斜视，老是从一个角度看，更严重了。"哦，原来是这样。父母一说，我就明白了，于是我答应他："好的好的，我立刻调整。"你看，"立刻调整"这是我做出的决定。为什么？因为这个孩子身体真的有特殊的原因，座位调整是迫切的需要。所以，如果有这样的问题，请直说。

更多时候，父母告诉我说："孩子有近视，能不能……"看，父母自己都被不好意思说出来，结果当然是"抱歉，不能"。近视的太多，假如近视了，就请戴好眼镜！你进行调整座位沟通时的理由要充分，否则，还不如不说。

第 20 课
如何提出"课堂关照"的要求

本课和大家聊的话题比较特别,我们说说如何请班主任对自家孩子特别关注,在上课过程中予以照顾。

说实话,这个沟通要求,比较困难。难就难在特殊的时间上——上课的时候。这个时候,老师最忙。一方面要执教,一方面要进行班级管理。"一对多"的情况下,难免力不从心。但是,作为父母,我们的眼中就只有自家孩子一个人,是"盯着一个"。所以,我们很自然会希望老师更多关注"我的孩子"。从这个角度看,这个要求完全可以沟通。关键是要怎么沟通,父母要说清楚的是:班主任为什么要特殊关照我家的孩子呢?

我们给大家几条建议,希望能有助于沟通:

第一,从大局出发。父母让班主任特别关注你家的孩子,在课堂上多看看他在干什么、多向他提问、多给他参与的机会……这几个要求都不过分,属于人之常情。但是,父母不要一味提要求,可以先说出我家孩子到底可以为课堂、为教学的顺利推进做哪些事呢?先说自己能做到什么，再请对方关注自己，这叫从大局出发。因为你在沟通时，心中已经有了课堂，有了教师。例如，父母可以告诉班主任："老师，我这个孩子特别有想法，我这个孩子说话特别有个性。我相信他的发言，一定能够给其他孩子提供参考，也可以为您的教学带来一些便利。"这样一说，老师更容易关注孩子，父母也达成了沟通的目的。

  我遇到过一类孩子，脑子特别灵，想法跟别人都不一样，对课堂推进相当有益。比如有一次，我执教一堂阅读课，叫《晏子使楚》。其中，晏子和楚王有三次对话，前两次，晏子用的都是反问句：难道这不是你的错？难道这还不应该这样？言语中，气势逼人。而到了第三句话的时候，晏子没有用反问句了，用的是非常平缓的陈述句。结合这一语言现象，我向孩子们提问："你们看，晏子为什么在跟楚王对话的时候，不连续三次用反问？那样语言的力量不就更强大了，不就能把楚王问倒了吗？"很多孩子都不明白，有一个孩子站起来就说了："老师，晏子是去和楚王对话，讲白了，就是跟楚王沟通。沟通的目的是两国要和好，不要引发战争。所以，这个时候，使臣如果把大王给问倒了，你觉得大王有面子吗？而前面两个反问已经逼得楚王够呛，第三个再用反问，可能闹僵。晏子用陈述句，让楚王也能有一个台阶下。"哇，这个答案让人拍案叫绝，我不禁庆幸：还好啊，之前孩子的爸爸妈妈经常跟我沟通，说到这个孩子对文字很敏感，文本解读的能力与众不同。而且，平时孩子喜欢阅读，特别倾向阅读历史类的文章。所以，今天在这个问题卡壳的时候，我一看他举手，立刻就关注到他了。所以，我们提醒各位父母，你可以从大局出发，先说说看自家孩子到底可以为课堂教学带来些什么，说说自己孩子有哪些特别的、有个性的想法。之后，再提出特殊关照的要求，相信会比较容易引起关注。

第二，从小处入手。心中有班级，格局就大了，沟通的时候就占据先机。接下来，不要一味往"大"的方向说，要回归"小"。在沟通时，向班主任表达出孩子特别需要班主任关照的意思。人在被需要的时候，会感到幸福。父母让班主任感觉到被需要，也会带给班主任岗位上的小幸福。父母和班主任沟通时，可以将孩子对班主任的感受、评价直接告诉班主任，例如可以说："老师，也许您还不知道啊，我们家的孩子特别喜欢您，非常喜欢听您讲课。每天回家都重复您在课堂上讲了什么，有的时候还模仿您上课的样子呢。我们都有些嫉妒了，觉得他对您个人有种特殊的崇拜。"相信老师听到这里，会谦虚地说："别客气啊，见笑啦。"这时，父母再接着沟通，提出一个"一点都不过分"的要求，就比较合适了："老师，请您上课时多留意他，只要您稍微关注他，他就会感到特别幸福。老师，他很崇拜您，真的也很需要您的关照。"

瞧，就是这样，从微小的"感受"、日常的"评价"入手，先让班主任有幸福感，产生信任与爱意，之后提出要求，沟通有顺序，就更容易达成沟通的目的。因为父母此时提出的"课堂关注"，相对来说是一个比较私人的要求，老师可以做，也可以不这样做。要让老师真正在上课时多关注自家孩子，就要从情感入手，借助真心、真情的力量。否则，即便老师嘴上说"好的""会的"，实际行动上也难以做到。真的上课时，时间有多么紧凑，父母是无法想象的。课堂上没有给你家的孩子特别关照，父母更无权指责。所以，从小处入手，更多进行情感交流，是必须的。

也有父母问，如果我家孩子平时没有这样说，我能这样和班主任瞎吹吗？当然不行。平时有没有表达对老师高度认可，老师是能感觉出来的。不说假话，是沟通的基本原则。

第三点，还可以从难处出发。会有什么难处呢？当然有，家家有本难念的经。有时候，家中的孩子确实是个特别的孩子，好动、烦躁、易怒……真的需要老师在上课时多多留心。所以，当自己的孩子有这一类的情况时，父母很为难，心里想着让老师关照，又担心老师不喜欢自己的孩子。

此时，建议大家迎难而上，直接跟老师说明白。其一，你可以说说你自己对孩子的了解，例如说："哎呀，我这个孩子啊，虽然有点小聪明，但是注意力真的很不容易集中。老师您可能想象不到，他每次做作业的时候，总是在地上爬来爬去，而且一会吃水果、一会喝水、一会尿尿……"父母把自己对孩子的了解跟老师说出来，同时你还可以具体地举出案例，这样能引起老师的注意。在这部书中，我们不断提醒各位父母：举出小事例来说话，不仅能够让人记得牢、有画面感，在沟通中起到重要作用，还能让老师感到你提出的要求很重要，你的需要很迫切。

最后呢，还可以说某一次老师关注孩子之后，孩子特别的变化。比如说，你可以向班主任描述："上一次，老师您请他发言之后，他心情特别好，和我一起回家的路上，居然不断复述那个场景。""老师您上回和他来个拥抱，握了个手，他就像传说中一样——回家吃饭都不肯洗手。"父母把老师曾经关注孩子时孩子的反应作为沟通时的特例说出来，讲到前后变化时，把变化中的反差跟老师做细致的描述，我相信老师一定会记忆很深刻。此时，也许老师会主动说："啊，这样啊。好吧，下次我再多多关注他！"

从父母角度，拜托老师在课堂上多多关注自己家孩子，这是完全合理的。我们也一再强调，这没有什么不可以。我们希望各位父母在和老师提出这一类要求的时候，能更加诚恳。因为某一家庭的父母提这个要求，很可能别的家庭中也有父母在提这个要求。此时，谁在沟通中更加真诚，谁就能更加容易达成沟通目的。

真诚沟通，就会得到真诚的回应。这是不变的原则。

第 21 课
如何提出"难以开口"的要求

每个人都有难以开口的问题,这些问题一般是与身体有关的"隐私",但有时候又必须和班主任沟通。这些与身体有关的"隐私"到底该如何沟通?本课,就和大家聊聊。

与任何人谈论到孩子的身体问题,特别是需要班主任给予特殊关照的身体问题时,父母都会不自然,有点难为情,但这也是实际需要。在一个班级中,每个孩子体质都不一样,如果班级管理者并不知情,实行统一标准的"一刀切",对有特殊情况的小孩是不利的。特别是当你的孩子有"特殊体质",需要老师特别关注的时候,你必须想办法与老师沟通,合理地提出给予特殊关照的要求。否则,很可能酿成大错。我们都听说有孩子在长跑时猝死,有孩子在班级中癫痫发作而未能及时救治。如果父母早一点把情况和班主任沟通,就不会有这么多的遗憾。

那么,这一类难以开口的话题,该如何沟通呢?我们提出四个建议:

第一,私下沟通;第二,直接沟通;第三,文字沟通;第四,沟通备案。接下来逐个为大家讲清楚。

私下沟通。针对这一问题的沟通，我们建议能够私下进行就私下进行。所谓"私下"，就是和班主任单独沟通，没有旁人在场，点对点沟通。在大家聚会时，父母和老师提出这样的要求不合适；我们也不主张有孩子在场的时候，父母和老师提出身体关照的要求，这样孩子心理承受不了。因此，私下沟通摆在第一位，就是提醒各位父母：即便是为了自己孩子，也要注意保护好隐私。孩子长大了，未必希望父母因为这些问题而"出面"，有的孩子希望这些特殊问题永远是个秘密。

直接沟通，是不错的选择。针对这类话题的沟通，希望父母在沟通的时候直接提出来，有话直说，不绕弯子，不要让人猜。直接说，就是请老师和父母一起来直面这个特殊性的问题，不要因为遮掩隐瞒而产生误解。比如：有的小孩有抽动症，很容易让人感觉是"不认真""注意力不集中""有毛病"，这就需要父母和老师直接沟通；有的小孩是哮喘患者，父母应直接和老师说出小孩的哮喘病史，让老师转告体育教师留心。瞧，这些特殊的地方、相对隐蔽的问题，父母在跟老师沟通时不能隐瞒。隐蔽的不能隐瞒，特别突出的呢？那你也没有什么好瞒了，依然建议直接跟老师提出来。

第三点很特别，用文字沟通。确实，有时候这一类的沟通难以启齿，那么，除了面谈之外，最好的方式是用文字沟通啦。这个时代，文字也是多样化的，比如：跟老师发信息；在老师的微信中留下文字信息；传递给老师一些图文结合的说明材料，让老师引起高度的重视。为什么要用文字沟通呢？首先，身体是大事，这么重要的事，有必要让我们在沟通时留下一些资料；其次，用文字沟通，老师不仅看得见、记得住，还可以随时调用。有的时候你跟老师用言语谈，之后可能会被遗忘。不要埋怨对方记性差，我们一再强调：和老师的沟通是"一对多"格局。你不能要求老师像自己一样，像每个父母一样，百分百地关注一个小孩。你一定要设身处地想一想：老师的工作量那么大，要面对这么多的学生以及父母，很可能分身乏术。既然如此，我们不妨想得周到一点，给老师发送一段文字信息。当然，如果能够提笔书写，那么慎重的态度、真诚的沟通愿望，一定能够通过文字传递给班主任，效果更佳。

"身体"方面的特殊原因确实属于隐私，接下来我们来看这样一封信，沟通的话题是关于"性格"方面的，沟通的方式就是电子邮件，也算是一种文字沟通。说实话，接到信时我就决定，按照信中父母的交代，给予关照：

何老师好，我是安雅的妈妈。

非常高兴看到您今天在博文里表示了对内向性格的一种肯定，这种肯定让我觉得长期以来的坚持得到了支持。现在的价值观都认为：孩子应该性格外向，积极表现自己。但我知道，这仅仅只是性格的一种，不是所有孩子都必须是这种性格，更不能要求每个孩子都长成这种性格。

安雅性格比较安静，从小如此。孩子他爸几次提起，都说女儿好像不合群。可是据我观察，并结合和我自己的成长经历，我觉得应该是没问题的，保持观察就行。女儿参加过一些同学聚会，至少有同学邀请她，她不是孤立的。从她在群体活动中的表现来看，她也不是孤立的，可以跟一些孩子玩，但她玩得不疯。很活泼，上蹿下跳的那种玩法，她是跟不上节奏的。孩子爸所谓的不合群，其实是女儿性格不太好热闹。如果正好某个场合来的都是些"孙猴子"型的孩子，那她就只好自己去揉面团了。

　　我自己从小就是不爱热闹的性格，至今依旧如此。小时候，家里的大人老说我不合群，于是我在潜意识中就认为"不合群"是一种需要更正的错误。我努力让自己跟别人一样，小心翼翼地迎合所谓的"群"，让自己"合群"。可是越是这样，自己越不自信，越不自然。不舒适、不自然的心理体验又使自己更加排斥热闹的群体。这种对自己的不认可，是一种很不好的想法和行为习惯。在很长时间里，我一直在心里延续着自己"不合群"的帽子。直到二十多岁，我才开始恍然大悟，不是所有人都必须是人来疯，不是所有人都能养成领袖性格。我很正常，我本应非常坦然，但我却长期没有认可自己。

　　所以，我很注意保护女儿的性格，不轻易给她扣帽子，让她安静地成长。坦然地做自己，才更会被别人认同。所以，作为父母，我希望何老师可以更多地关注安雅一点。

　　最后一点是"备案"。什么意思呢？就是我们希望父母在和班主任沟通身体方面的特殊关照要求后，可以要求老师做好备案。所谓的"备案"就是记录在案，或者向校方报告。同时也希望班主任与技能科老师做一个交流，让其备案。为什么呢？这是安全需要。特别是一些有可能引发安全事故的特殊问题，不只是班主任一个人的事情，还需要各技能科老师共同关心。报纸上多次报道某些学生在体育课上进行长跑练习时，刚跑几圈却倒地猝死。究竟怎么回事呢？后来了解到，原来这个小孩有特殊体质，跑步时哮喘发作，不要说跑几圈，跑几步都很困难。可是这个时候，没有人去关注这个特别的问题，还是按照"统一要求"跑步，最后引发了悲剧。我相信，如果父母跟班主任沟通之后，还要求班主任做一个备案，并告知各个技能科老师，这样的悲剧一定可以避免。

如果孩子有特殊情况，我们的沟通要做得更细致、更周全，父母在沟通时要想得更加多元。为了孩子的安全，我们多费心吧。

第 22 课
如何提出"外出实践"的要求

集体外出实践，是最让孩子心动的项目，同时，也是各位父母最担心的项目。

孩子在身边，一切都好商量，好照顾。孩子外出了，而且还是一整个班级集体外出了，会发生什么，谁都说不准。但是，外出实践又是这个时代的一门课程，也是孩子能力提升的重要方式，不能因噎废食。我们主张鼓励孩子参加社会实践，更多参与集体外出。而在现实中，因为怕就不去的有没有？有！我就遇到多次。在沟通中，父母提出"我的孩子不参加"的决定，谁都没办法。父母是孩子的监护人，决定不让孩子参加集体活动，不要以为班主任还会强求。沟通，以父母的决定为终止。

但毫无疑问，没参加集体外出活动，孩子没有得到应有的锻炼，损失的一定是孩子。阻止孩子外出，无异于用很糟糕的方式，阻碍了小孩的成长。

其实，对"外出实践"这个问题有些担心不要紧。沟通，就是解决问题的正确途径。本课和大家说说：外出实践，父母该如何跟班主任沟通。

大家应该认识到，这一话题相当重要。不管你家孩子身体有没有特殊原因，外出实践前，特别是第一次集体外出实践，父母都要和班主任好好沟通。这里可以结合我的情况来说一说。实际上，我是一个哮喘患者，体质特殊。我小的时候就有哮喘，一旦发作，就是整夜难以入睡。睡觉的时候，常需要坐起来。有一次，我的学校组织学生到海边去参加社会实践，一去就是三五天。哮喘患者在海边这种气候条件下，很容易发病。所以，我的父母就跟老师说明了我的特殊性，并提出了一些要求。外出时，哮喘果然在夜间发作了。老师来看望我，给我送来热水，还为我准备了急救喷雾药。当时，我觉得非常意外，也觉得相当温暖，同时也感受到了安全感。其实，是我妈妈把一切和老师做了交代。

我们主张外出实践时，父母需要更多思考，想清楚后，结合具体需要跟班主任做一次沟通，提出你的要求。具体来说，有以下几个方面：

第一，可以提出承担具体任务的要求。毕竟外出实践嘛，就要让自家孩子参与更多锻炼。我们不要忘记老师是"一对多"的格局，很有可能忽视我们的孩子。怎么办呢？你就可以在沟通中跟老师提出，顺便也提个醒。例如你可以说："老师，请让他多锻炼吧。"怎么锻炼呢？外出实践，就是很好的锻炼机会。在外出实践时，老师应该需要一些小朋友担任小组长，分担任务，对不对？你可以提醒老师，我家的小孩很适合来担任小组长，可以帮老师的忙。外出实践是集体用餐，吃饭的时候也要有个"饭桌长"；住宿的时候，宿舍还有一个卫生员……父母可以根据不同的去处、自家孩子不同的特点，设置好不同的"职务"，然后较为精准地和老师沟通，让孩子得到难得的锻炼机会。

第二点，提出身体锻炼的要求。刚才是对孩子承担工作能力方面的锻炼，此外还有关于身体的锻炼。身体在外出实践的时候要如何进行锻炼呢？父母可以在与班主任沟通时这样说："老师，请您让我家的孩子在这段时间里多吃苦，多锻炼。"外出实践，这是一个难得的机会。我们建议父母在和班主任提这样的要求时，首先要跟老师介绍清楚自家孩子的体能、体质怎么样。当父母把这些情况跟老师做好描述后，还可以介绍孩子日常的运动状况是什么样的。例如：有的孩子擅长爆发力型运动，有的孩子擅长持久型有氧运动，有的孩子基本上不运动……父母得把孩子的日常运动状况跟老师做一个说明。之后，父母还要有个特别说明——孩子的极限在哪里，例如：这个孩子只能跑五圈，他的极限就在这里；这个孩子能跑半程马拉松，他的极限就在那里。每个孩子不一样，父母要了解孩子的体能极限，这样才能在确保安全的前提下，和老师沟通清楚，让老师心里有数，做出适当的安排。

当然，父母也可以讲出孩子在运动技能方面的特长，让其在社会实践中可以有机会展示。我曾经带过一个班，有个孩子学过武术。所以他在社会实践中就来了一套武术表演，既是锻炼又是复习，同时还可以让大家欣赏。表演后，他的人气值不断攀升。大家看，这不就是一举多得吗？

第三，最重要的沟通是：说清特殊的要求。外出社会实践的时候，孩子会经历饮食变化、在外过夜、与较大范围人群交往等方面的挑战。所以，如果身体方面有一些特殊情况，一定要跟老师提出来。这里我们要说清楚，沟通的时候，分为男生情况与女生情况，我就不再一一举例，相信各位父母看到这一条，都明白我在说些什么。这一些特殊情况要跟老师讲清楚，确保自己的孩子在外出社会实践时能够开开心心去，平平安安回。

需要补充一点。父母在跟老师提出要求的时候，千万不要忘记留下自己的联络方式，这个联络方式是应急需要。很多父母想当然地以为，老师你应该知道我的联络方式，老师那儿不是早就有我的联络方式了。没错，老师真的知道，老师也有。但是，很可能没有携带，也不一定记得住。此时，希望父母能再次强调，你可以这样说："老师，这是我的名片。""老师，这是我的电话。"特别是小孩有些较特殊情况时，我建议父母一定要留下一个能够随时保持联通的联络方式。我跟太太送孩子出去实践，他不在家的几天里，我们也没办法真的过得开心，心都在孩子那边。所以我们会留下一个 24 小时保持畅通的联络方式，让老师随时可以找到我们。虽然一次都没有用上，但我们坚持每次都给，这样也让自己安心。

等父母把自己要沟通的内容都说完的时候，别忘了，可以直接地说："老师外出实践，你辛苦了！还要带着一大帮孩子，老师真伟大。"道一声辛苦，说一声赞叹，让老师的心感到温暖，这就是沟通的艺术。也别忘了同时说"老师请多关照"，说说"请多关照"就是再次提醒老师关注自家孩子。毕竟外出了，老师有可能难以顾及周全，我们衷心希望老师能把更多一份心放在我们家的孩子身上。爱自己的孩子，父母不要有所顾虑。

第 23 课
如何提出"当班干部"的要求

如果自家孩子确实不错，可以胜任班干部的工作，父母可以通过沟通，向班主任提出让孩子"担任班干部"的请求。如果自己孩子能力不够，自然不能勉强。当然，更多父母看到本课的标题时是很难为情的。中华文化一向主张含蓄，所以当沟通的目的是为了让孩子担任班干部时，家长会觉得不好意思。我们相信，大家阅读本课之后就能明白，这样的沟通是正常的，这个沟通的目的也是为了孩子的发展，为了班级工作的顺利开展。总结一句话：担任班干部的要求可以提吗？完全可以，这就是提出希望为大家服务的意愿。

担任班干部的要求该怎么提？先要明确，提出当班干部的要求有两种情况：第一种是你的小孩已经当了班干部，现在要求连任，或者要求调整一个岗位，换一种方式为大家服务；第二种，你的孩子并未担任班干部，这时候要求担任岗位，为大家服务。这两种情况都可以提，不要害羞哦。沟通的时候可以分三步：

第一步，说清对班级工作的认识。父母对班级工作的认识是不完整的，或者说，是比较浅显的。毕竟这不是父母的工作内容。而且，没有经常到学校，怎么说清自己对班级工作的认识呢？我们建议大家从三个方面来说：第一方面，你可以从自家孩子的口头表达来说一说你对班级的了解。例如，父母可以转述："老师，最近我家的孩子回来反映说班级有这样的情况。""最近我家的孩子回到家说到班级有发生这样的事件"……从孩子反映的角度，说说自己对班级的了解，同时传递一个信息——我们非常关心班级；第二个方面，父母可以从自己观察的角度来说一说，比如：你在接送孩子的过程中，你在进校访问的过程中，你在和其他父母交谈的过程中，自己观察到的关于班级的诸多情况。沟通的时候，这些都可以作为申请职位的参考；第三个方面，很简单，你可以从自己的记忆和理解来说一说对班级的认识。例如，你可以说："小的时候我也是个班长，我当时是这么帮助我们的老师完成班级工作的。"你看，从自己的记忆角度来说，会显得更加亲切。从三种角度来说自己对班级工作的认识，它的意义在哪里？意义就在于你和老师站在了同样的角度来谈这个问题，而不是一出口就来提出要求。沟通的开始，传递出一种"关心班级"的信息，会让老师感到温暖，老师自然希望自己的"同盟军"能不断壮大。其实各位父母原本就很关心这个集体，只不过你在沟通时欠缺一些小技巧。所以，我们特地将此条作为第一条讲述，就是提醒大家，不要让人感觉你就是纯粹来提要求的。

说出对班级工作的认识后，第二步就很简单啦。

第二步，父母可以说说对自家孩子工作能力的了解。你的孩子到底具备什么能力，到底能否胜任班干部的职位，父母应该是很清楚的。在介绍之前，还要做个关联与匹配，将孩子的能力与班干部的岗位需求关联起来，更精准地提出你的需求，这样你的建议就容易被采纳。比如：如果父母希望小孩当上班长，你要知道班长应该具有统领全局的统筹能力，要有综合协调能力，还要有比较强的社交能力。千万不要说"班长就是老师的助手"。除了"助手"之外，他更应该是班级的核心，是老师不在时的领导，还是小伙伴的贴心人。否则，选个小助手就担任班长，这太不合理，对吧？再比如说班级中的劳动委员，不但自己要热爱劳动，还要领导大家一起劳动，有的时候甚至还要付出比别人更多的劳动。你家的孩子是不是这样的呢？适合担任吗？有的父母认为孩子不爱劳动，就让其担任劳动委员，逼着去劳动。这个想法大错特错，这个岗位不是你逼迫孩子转变的媒介，这是班级中的重要职位。再比如说宣传委员，如果你家的孩子具备美术特长，能够为班级的宣传工作贡献力量，当然可以推荐担任。也许孩子的画工不怎么样，但文笔好，作文写得特别棒，也能够在班级宣传报道中发挥重要的作用，那么父母不妨就提提这个建议，对不对？最后再说说文娱委员。你家的孩子能歌善舞，本身就是个文艺爱好者，那么担任文娱委员是不是很合适？不一定。除了自己文艺天赋强之外，还要有组织能力，要排练节目，要大家一起来啊。所以我们建议父母，第二步沟通，可以说清自家孩子各方面特长、能力，还可以与班级中各个班委的岗位职责相匹配。这样的沟通，更容易达成目标。

我小的时候一直担任宣传委员，为什么呢？因为我非常喜欢画画，同时，我小的时候就很喜欢写作文啦。因为有这两个特点，我很自然地就担任了班级的宣传委员，经常为班级出黑板报。后来读师范学校的时候，三年学校生活，班上各种黑板报都是由我带着宣传小组一手操办的。所以我是一个比较合格的宣传委员。有趣的是，在我担任班主任的时候，我在班上还有一个很特殊的班委，叫"愤怒控制员"，怎么回事呢？我发现每逢老师生气时，如果没有人来提醒，场面很难控制。所以当时我就在班上设置了一个"愤怒控制员"。他的岗位职责很简单：当老师生气的时候，可以非常直接地站起来相劝，说："老师请息怒！"瞧，这就是根据孩子的特点来设置的职务，因为"愤怒控制员"是一个懵懵懂懂、理直气壮、很有童真的孩子，他不一定要学习成绩有多么好，但是他肯定要人气超级高，大家都喜欢。好，这就是第二步，向内观照。

第三步，直接提出让孩子担任班干部的请求。注意，我们提出的是希望，而不是命令。所以，提出这样的要求要注意口吻，不要以命令的口吻提出要求；提这样的要求要注意等待，不要期待"今天提，明天就实现"；提这样的要求，你只不过在表达你主动承担班级工作的愿望，只不过在表示你对整个集体、对老师工作的一种关心，对班集体的关注。所以，提出要求的时候语气要诚恳，语速要相对平缓，你要把自己的理由说清楚，同时不要抱着一颗太急切的功利心。

我相信做到这几点，你提出担任班干部的要求，有可能就会实现了。

当然，万一没有实现，咱们大家放平心态，因为我们都很明白：只要在这个班，当不当班干部都不是最重要的。为班级着想，拥有一颗火热的心，那才是我们应该做到的！你说对吗？

第四章

沟通的特情处理

第 24 课
在处理纠纷的沟通之前，该做些什么

孩子在集体生活中，主要学习的就是与人交往。学习的方式有很多，有一种需要大家了解——尝试错误。尝试错误就是在尝试各种错误的言行后，走向正确的方向，进入正道。

这个观点说起来简单，真要父母接受就比较困难了。一旦孩子犯错误，父母就会很着急，总是揪着错误不放，批评后继续批评，惩罚后不断惩罚。最后的结果可能只有一个——错误依然存在，孩子还是不断在犯错。在本课的开篇，我们写下这段话，就是给大家做个提醒，如果孩子在学校里犯错，请不要在第一时间着急上火，要认识到教育的契机正在向我们开放。

特别是孩子与同伴交往的时候，很容易产生纠纷。这点不言而喻，谁还没有在学校和同学闹过不愉快？小男生没和同学干过架真的为数不多，发生口角也是常有的事。只是，有的时候事情闹大了，需要班主任出面协调，需要家长介入，此时，沟通的方法就成了解决问题的钥匙了。

本课和大家说的就是处理纠纷的沟通。但请注意，本课的沟通有时间的限定——在和班主任正式处理纠纷问题之前，父母该做些什么。把事情做在前头，真要有事发生，心里就不慌了。

首先，再次了解孩子在学校的"纠纷"。我做班主任的时候，每天都会遇到此类事，有的时候还没处理，就自然化解了。凡是"上纲上线"的，大多是身体受到损伤，有的时候因为家长过度介入而"小事化大"。孩子在学校和同伴发生纠纷，那是再正常不过的事了。在解决问题之前父母要做一件事，就是"了解"。

在跟班主任沟通之前，我们要去了解更多的情况。为什么呢？就因为我们不了解情况。孩子在校遇到纠纷，父母看上去了解了全部情况，其实只是了解了"有利于自家孩子的情况"，或者是了解了个"大概情况"，根本不了解具体情况。所以之前要先向自家孩子了解更多情况。例如，父母可以引导孩子这样表达："来，孩子，请你说一说，到底是怎么回事？"在孩子说的时候，父母注意听，尽量不要打断小孩的表达，也可以一边听一边观察，孩子说话有没有眼神闪烁、有没有词不达意、有没有不断搓手指。这些微行为的出现，对于父母判断话的真实性都有帮助。听完全程后，父母再说，不要一边听一边打断孩子。孩子说完后，父母可以提问。注意，有的时候父母的提问是有意引导孩子说出对自己有利的结果，这类带有暗示的提问，真的不利于问题的解决。所以，我们建议大家，出于公心，不可偏袒。孩子的问题就是父母的问题，不要在问题还没处理的时候，再增加一个问题。提问，可以发现更多的事件细节，千万不要通过提问得到"让自己安慰的结果"。这是其一，叫向孩子了解。

其二，向同伴了解。一个巴掌拍不响。既然叫纠纷，事件当事人就不仅是你家孩子一个人。特别是在学校这一特殊环境中发生纠纷，至少还有旁观者。所以，我们希望大家在和班主任沟通之前，能够先向其他小伙伴了解情况。如果知道谁是事件的旁观者，可以优先去了解。另一方的当事人，不要直接去了解，可以通过旁观者的表述中去了解和还原事件的真相。

注意，我在班主任工作中经常发现，小孩说的情况前后差距很大。这真是让人丈二和尚摸不着头脑。实际上并不是孩子有意隐瞒。事件发生得那样快、那样突然，他本身就没有做好反应，事件之后他再去回忆，这原本就比较困难。同时，不同的人从不同的角度去看同样一件事情，本身就有不同的结果。因此，找到周围人了解，成了不可或缺的重要环节。我们希望大家多找几个当事人聊一聊，一两个人说的有差距，但两三个人说得就比较集中，提取相同信息后，就越来越接近真相。三四个人说完，你就可以做出一个比较准确的判断。也许你会说"三人成虎"怎么办？注意了，我们是在和孩子对话，而不是在道听途说，和我们交谈的，都是天真的小孩，而不是有意歪曲事实的无赖。

实际上，还有一个问题要讲清楚：所谓的纠纷，很可能是大人的一厢情愿。对于孩子来说，没有真正的纠纷。孩子没有"隔夜仇"啊。当然，我们还有一个很重要的提醒：你向班级中的某某孩子打听情况，我建议最好是在这个孩子的父母在场的时候去打听，而不要搞"私人会诊"。否则可能会引起其他人的误会，这个我们就不再强调了，我仅给各位父母做一个友情提醒。

好的，和同伴了解完情况之后，还可以怎么做？我们建议大家回过头来，第二次和自家孩子谈谈。这时候父母了解了更多信息，你的心情应该平复很多了，你的气消了很多了，此时正是谈话的时候。冷静的时候才有助于谈话。谈话问什么呢？你去问问孩子："事情发生了，请问你想怎么办？"听听看自家孩子的想法。有的时候父母出于护犊心态，不由自主地会"替宝贝出口气"。而这个时候，孩子如果说道："没事，爸爸，我们今天早上已经和好了。"哎哟，如果孩子真的说了这句话，我相信沟通就可以基本结束了。只要对方没有身体上的损伤，这个纠纷就已经化解了，对不对？孩子的想法比父母简单，孩子那样纯真，请父母也不要把事情搞复杂。同时，父母可以告诉孩子："宝贝啊，事情发生了，我们都感到有点遗憾，但是，我相信这个事情是一件好事。为什么？它让你们更加了解对方，毕竟你们未来还是要相处的嘛。"你看，让孩子想想未来，再说说当下，我相信孩子也会释怀。

父母在跟老师沟通之前，双方也要商量一下。商量什么呢？第一，商量谁去沟通比较合适。如果事件真的比较大，不妨双方都去，显得我们很重视这件事；那如果事情真的比较小，只是一时气不过，估计连沟通的必要都没有了。没事了，孩子已经化解了，有必要再正儿八经地去沟通吗？简单对接，表示友好就够了。想一想，很多事情就想明白了。如果还觉得必要去。那你再想一个问题：你这次去是兴师问罪，还是解决问题？除了解决问题之外，最重要的是不是让孩子今后也能更快乐地成长呢？你把沟通的目的想清楚，然后再去找老师沟通，这才是合理、冷静的做法。

我们一再提醒：去沟通之前做了这么多的调查、了解、协商，无非是想让各位父母知道情况后再去找老师沟通。真的沟通时，要完整说出自己对这件事的掌握情况、看法，和对老师处理时的期望。在你跟老师沟通之前，把这些事情都想清楚，然后我们找一个时间，约老师或约对方的家长聊一聊，相信这样的沟通方式和思路能解决纠纷。

问题解决，目的不是分出输赢或者胜负，而是为了结交一个新的朋友！

第 25 课
小孩之间有纠纷，双方父母如何沟通

接着上一课，本课话题依然是关于小孩之间的纠纷。在我的班主任工作经历中，这个话题是最让人头疼的。但往往越头疼越容易碰上，这时就必须面对。如果父母在小学六年中一次都没有遇到，真的应该深深感谢上天赐给你这样的好儿女。没有什么比让父母省心更值得庆幸的了。

现在，让我们来正视问题：小孩之间有纠纷，双方家长如何沟通呢？

先说一个简单的，双方父母需要沟通吗？哦，也许你会很坚决地说："要！这还用问？"该出手时就出手，好像到了该出手的时候啦。不过，也有会断然拒绝的。其实"要"与"不要"都不一定，都是两说的。关键在于，父母如何看待小孩之间的纠纷呢？讲白了，在同一所学校，同一间教室里学习，学生之间有纠纷很正常，也很频繁。不过，儿童的纠纷不同于成人，有一个特点——来得快、去得也快。孩子之间是不记仇的，如果家长介入了，或者介入得太快、介入的力度太大，问题反而不好解决。我们看到大多的情况是，小孩早上吵架，中午和好；中午吵架，晚上和好；小孩没有隔夜仇。更多的情况是，小孩的纠纷都已经化解了，双方父母还在生气,请不要怀疑,这是真实存在的情况。

当我们认定小孩之间的纠纷是小事,那么,我们建议各位父母,干脆先跟自己的小孩进行沟通就好啦,不要轻易惊动对方家长,也不要轻易惊动老师。注意,我用的词是"惊动",因为小孩之间的事,处理的基本原则是"大事化小",既然最后归结为小事,介入的人多了,就是一种"惊动"。

父母可以先跟自家小孩沟通,也许纠纷就化解啦。所谓的沟通是什么呢?沟通就是一种疏导,为自家小孩做私有的心理疏导。你看,这不正是一种私人享受吗?由父母进行,也是一种好的教育引导。父母可以借助这个事件,温和、细致、纯粹地跟小孩做好教育引导,不要有第三方干扰。所以小事我们不要惊扰别人,自己事情自己解决。

当然,有的时候,事情闹大了,和自己的小孩沟通解决不了问题。这种情况下,真要跟对方家长沟通才能解决问题的话,能不能约对方家长呢?当然要了,父母是小孩的监护人,有问题自然要找到监护人,找到说话算数的人。好的,真到了要和对方沟通的地步,我也跟大家说出两种情况:第一种情况叫,只和对方家长对话;第二种情况叫,邀约老师出席。

第一种,只和对方家长沟通。这类的沟通一旦处理不好,就会把事情闹大,所以提醒大家沟通时要格外注意。针对这种沟通,我有几个小小的建议:第一,注意态度。双方父母在这个时候来,是因为有事才来,而且都是为了自己的小孩才来,来的时候可能有一些生气,可以理解。第二,澄清事实。建议大家不要争论结果、输赢,可以先从陈述事件的经过开始。你们的沟通不要"一上来就指责别人"。例如，我们可以这样说："陈妈妈，这件事情，据我了解是这样的……"一方说完后，让对方说："王妈妈，这件事情，你了解到的情况是什么样的？"双方先陈述事件的经过，把各自对事情经过的了解说出来，这个很关键。然后，双方再一起来比对描述中的差异。家长会发现小孩陈述的经历有很大差别，有时候和事实完全不同。不同小孩说同一件事，各说各话，各不相同。当两个大人分别陈述事件经过之后，你们会发现有无数的差异，那么这时候我们希望来比对这些差异，可能就能找到问题究竟出在哪里了。差异发现后，责任也开始明晰了。第三点提醒大家，特别是在谈论承担责任之前，咱们先来重温教育的意义。要记住，双方父母沟通的唯一目的，就是用发展的眼光看待孩子的成长。我们沟通的目的不就是为了让小孩今后能够更好地发展嘛？所有的事件在发展中都必然会出现，那么，事件本身都应该为小孩的发展服务。请父母在划清责任之前，先一起谈一谈你们教育孩子的总目标是什么，各自小孩的未来发展方向是什么。我相信，当你们看得远一点的时候，在这个大前提下，再来说说双方各自承担的责任都有哪些，沟通的氛围会更加和谐，更加理性。

　　出于这个话题的重要性，请允许我用简单的话梳理一下第一种沟通状态，叫作约对方家长见面，只和对方家长谈话。说的时候，请注意各自的态度，注意澄清事实，注意用发展的眼光看问题，注意分清各自承担的责任。

　　第二种情况，更加特殊了。有的时候我们为了缓和气氛，或者说为了更加公正，会邀请老师也来参与双方家长的沟通。这里就是三方会谈了。三方会谈的情况下，依然希望大家先摆正一个认识。什么认识呢？班主任不是法官，也不是裁判，父母双方也不是竞赛的运动员。所以，不要说让老师为难的话，例如有父母爱说："老师，你来说，谁对谁错？""老师，你来看该惩罚谁、该表扬谁？"注意，班主任在场，不是来做出最终裁判的。那么，班主任来干吗呢？第一，你们邀请班主任来，也是来听双方沟通的。对班主任来说，这次沟通，很可能对他的职业发展产生影响，至少班主任汲取了一个学生管理的经验。把这个案例带回去，还可以对班级管理和学生发展有启发。班主任还可以在适当的时候跟班级中其他小孩聊聊，防止类似的事情发生。所以，班主任在场"汲取"的作用比较大，让其好好听双方陈述，特别是陈述事件经过很重要。第二，班主任也要发挥作用。班主任在场时，最大的作用应该是调和，而不是做出裁决。班主任是让双方本着和谐发展的原则，让孩子今后在班级中依然能成为好朋友的原则，让人的发展向着光明的方向前进的原则来介入的。因此，班主任最大的作用是调和。邀约班主任到场，不要老让班主任做出判断。当然，你可以多听听班主任对这件事情的看法，之后请班主任给出建议，双方都退一步，接受一个最合理的处理意见。

大家一定发现了，我们给出的建议可以用三个字概括——"和为贵"。确实，缘分真的很难求，能在一个班级里学习，能成为六年的学伴，还有什么比这个缘分更深呢？所以，没有必要在一件事情上死磕到底。小孩的未来需要更多伙伴，因为父母处理不当，导致小孩失去一个朋友，多么不划算啊。这笔账，相信大家心里有数，也希望纠纷越来越少。

第 26 课
处理纠纷，一次沟通够吗

本课继续"处理纠纷"的话题，说的是沟通的次数。

如题之问：处理纠纷，一次沟通够吗？

答案很显然——当然不够！

这样的设问，就是为了提示各位父母，不要期望能一次性解决问题。欲速则不达。为什么我会向大家发出这个信号呢？因为在我二十多年的班主任工作经历中，经常发现，许多的父母遇到子女在校纠纷时，希望"去一次就解决问题"。去一次，能解决当然好，谁的时间都宝贵，去多次，班主任也会感到非常烦。所以，骨子里，我们都希望"不给自己添麻烦"，希望一步到位，一次性解决问题。

各位，能一次性解决的，就不是问题。有时候看上去一次性解决了，其实是留下更可怕的后遗症，等待小孩和父母的是更加无根源、无出处的麻烦。越是期待快速、一次性地解决问题，越是解决不了问题。

于是，本课的第一个建议就是一种自我暗示：每一次处理纠纷，大家都要做好多次沟通的心理准备。有意思的是，当你的心理准备做好后，反而轻松了。因为人最有说服力的时候就是心平气和的时候，就是心里不慌的时候。特别是面对自家小孩和别家小孩的纠纷，有备而来的时候，往往就能满意而归。那么，在我们做好分次跟班主任沟通纠纷的准备后，真正要进入第一次沟通了，该沟通些什么呢？

第一次，应该是互通信息的沟通。互通信息，就是要介绍一下，当时到底是什么情况。有"纠纷"，那就是因为很"纠结"嘛。纠结，就是因为有一个地方打结了，情况不明确，导致信息不通畅，双方有误会。所以，第一次沟通，最好是了解情况，互通信息。说实在的，在纠纷的各方中，父母是最不明确情况的人。所以，第一次和班主任沟通，不妨请班主任多跟你介绍一些情况，多了解信息。同样，父母也可以跟班主任说一些自己小孩的情况。互通，就是双方都要说。

互通信息之后，我们建议先缓一缓，回到家中去。回去干吗？和小孩聊，实现多方打听，实现再次证实。你瞧，我们第一次沟通有自己明确的目的，达成目的我们就感到满意，即便最终问题还没有解决，但我们心里就愉快了。处理纠纷不要搞得大人之间气鼓鼓的，这完全没有必要。这样看来，第一次沟通，电话为好，节省路途时间成本。

好，问题来了，按部就班，第二次沟通该怎么办呢？

第二次沟通，父母基本要弄清情况啦。第一次和班主任互通了信息，加上回去后你又向小孩做了证实，而且还进行了多方打听，此时的第二次沟通，可以尝试找到班主任面对面沟通。毕竟解决纠纷，电话不管用。我们建议各位父母沟通时可以表达三个内容：

第一个内容，再次听班主任回顾事件，同时还可以追问，孩子们在班级中有什么变化？事件对小孩有什么影响？这个问题，听班主任讲，最权威。当然，父母也可以说说，在家里孩子有哪些变化。不要只顾着自家小孩，忘记对方小孩。纠纷都是双方或者多方的原因，一个人好不是真的好，大家好才是真的好。如果纠纷对孩子有影响，也会帮助我们调整处理的方向和力度。如果没有影响，那是大幸。总之，听听老师讲，不要着急处理问题。第二，听听老师说设想。注意，班主任的设想更多从班级管理层次去说，从顾全大局的层面去说。家长则更多从自己家庭教育的角度，从小我的角度说。所以，先顾大局为佳。其实，大局好了，班级发展了，对自家小孩的发展也最为有利。有的时候我们眼睛盯着自家小孩一个人，总是希望"他最好""她最优秀""他最强"，所以做出的决定会比较狭隘、比较固执。如果从大局角度去看，可能就是另外一种结果。当然，听完之后，父母就需要表达了。第三，父母可以表达"家长的想法"。先听后说，会显出父母足够的修养；再次沟通，父母可以表达足够的真诚。事不过三，我们可以本着让小孩发展、全面成长的这个目标，尝试和班主任协商解决问题。表达出我们的想法，并不是要求老师照着做，而是让老师在处理问题时有所参考。因为纠纷是双方的，班主任还要顾及另一方的参考意见，还要从更高层面——班级发展来思考。所以，我们提出的想法，仅供班主任参考。

　　这几个课的标题中有个关键词——纠纷。一再表达一个观点：小孩之间能有多大的纠纷呢？没有。当然，如果真出了什么大事，例如身体损伤，就不在我们本课讨论的范畴之中。

　　再来做个有意思的提醒：几次沟通之间父母可以做什么呢？这个话题本身就很有意思了。这几次沟通之间，我建议大家还可以用其他的方式不断补充信息。例如，你可以给老师发发微信，时时询问："老师这件事现在处理到什么进度了？""老师，事情发生之后您帮我多关心下孩子，看看他有什么反应？""老师，事情发生之后，您也帮我看看那个小孩有什么变化？"总之，在几次沟通之间，我们还可以用各种各样的方式来维系沟通。也许，维系沟通的同时，你就发现事情已经解决，不必要进行更多的沟通了。

几次沟通之后呢？有没有需要提醒的呢？也有。几次沟通之后，如果你能够遵循"大事化小"的基本原则，本着平等、合理、友好相处的原则，我相信，纠纷提供了一次深度交往的机会。特别是经过愉快的沟通之后，也许会促使双方像朋友一样相处。为什么？讲白了，小孩之间真的没有什么大事，小学六年的同窗之情啊，太难得。

我时常参加小学同学聚会，如今已经毕业二三十年啦。二三十年之后，小学同学聚会时，那个曾经跟你吵架的小孩是不是和你特别有话说？那个曾经跟你打过架的朋友，是不是跟你的手握得特别紧？没错，放长远去看，今天的纠纷对孩子的人生有一种特殊的意义。那么，当下有必要为了一个小小的纠纷而搞得小孩不愉快、大人不高兴吗？更何况说，当大人还耿耿于怀的时候，也许两个小家伙已经成为更好的伙伴了。

所以，我们把这些信息提供给各位父母，就是希望大家在遇到纠纷，处理纠纷的时候不要急躁，不要希望一步到位。进行多次沟通，就是主张在沟通中既解决问题，又愉悦自己，同时更加清晰地看待儿童，让教育服务于小孩的全面发展。

第 27 课
与班主任沟通的信息，如何与小孩交流

本课和大家聊的话题比较特殊。班主任和父母沟通的信息，如何与小孩交流？这些信息，需要和小孩沟通吗？

其实，每一次父母和班主任沟通，只要是小孩获悉"有此事发生"，他们都会很好奇。做小孩的最想打听的就是："爸爸妈妈，你们到底跟老师聊了些什么？"小孩特别希望："爸爸妈妈，请告诉我嘛。"有的时候，小孩直接和爸爸提出，可爸爸却说："这是大人之间的话，你不要知道！"有的时候，妈妈也会认为："大人之间交谈的事情，就是要跟你保密。"更多时候，小孩之间也会互相传递这样的信息："哇，昨天我妈找老师啦。""听说你爸爸昨天到学校了。"

既然沟通了，我们不建议父母将信息保密，沟通的信息不要隐瞒，应该跟小孩交流。为什么？因为父母和班主任之间的沟通，不就是为了小孩进步吗？进步，主体是小孩啊。所以，父母把信息传递给小孩，不就更有利于目标的达成吗？没有父母跟老师约着沟通，是专门讲小孩的坏话。所以，为什么要跟小孩隐瞒呢？

沟通、交流，意义就在于多方介入、信息共享。沟通的方法是关键。父母和班主任沟通中的信息，如何转述给小孩呢？我有几个小小的建议：

第一，选择一个好的时间，做到不慌不忙。实际上，父母向小孩转述信息，本身就是最好的亲子沟通。这时候你跟小孩的沟通和交流的目的就是育人啊。既然是育人，就要有一种"容人"的情怀。从时间上看，要宽裕；从情绪上看，要平缓。沟通的时候，可以缓缓地跟小孩说，双方可以开心、自然、不慌不忙地进行沟通。相信这样的沟通环境，会带来良好的沟通效果。

第二，我们建议大家在沟通这类信息时，要选择一个比较好的切入口。沟通的时候不要太正式。例如，把小孩叫到面前说："孩子，今天你的班主任跟我讲了件事情，我觉得有必要跟你好好聊聊。"注意，这个开场白很正式、很吓人，孩子会很排斥。我们建议大家转述班主任的信息时，可以结合着一些具体的事件或者是生活场景进行，例如：在家务活动中，或者是家庭游戏时，或者是一起健身的过程……总之，父母需要找一个自然而然的切入口，结合生活，很顺畅地开始沟通。举个例子大家会更明白：有一次，我家小孩在作业质量上有一些反复，成绩也开始下滑。班主任、任课老师跟我沟通后，我也觉得需要跟小孩沟通了。可是，我的小孩一贯自尊心非常强，原来又比较优秀，别人说他一点都受不了，这是他性格上的特点，也是弱点。怎么办呢？于是，我就带他去超市购物。他推着购物车，很开心，借着一路走一路逛的时机，我自然地聊起这个话题。逛超市的时机以及氛围非常适合沟通，因为他推着车时，心情比较好，比较容易接受，我们的谈话也很顺畅。超市逛完了，他喜欢的东西买到了，问题我们也谈完了。

所以，沟通是艺术，父母要注意选择一个合适的切入口，这样会事半功倍。那接下来该怎么办呢？

第三，沟通时，请注意如实转述。班主任的意见是为了小孩的发展，这是毋庸置疑的。因此，和班主任沟通后的信息，请父母如实转述，不要有偏差。转述的时候，要有技巧。成人之间的信息使用的是成年人之间的话语模式，小孩听不懂怎么办？如实转述前，父母要做好分析与解读。例如，针对一个事件，班主任在沟通时提出了校方意见。爸爸跟小孩转述时，可以这样说："嗨，宝贝，这个事情在学校发生了。如果是我，我会这么做……如果你问我怎么看，我是这么来看的……"设身处地、转换身份，和孩子沟通，就是将心比心。再比如有一次，儿子的班主任和我交代说："何老师，（当然，我也是老师嘛）你的孩子最近科幻类的书看多了，但是作文能力的提升不足，我们也需要他阅读一些文学性强的书。你可不可以告诉你家的小孩，注意看书的种类不要太单一呢？"我说："老师你的意见真好，我回家就为你转述。"回家转述的时候，我是这样和儿子说："小何同学，你看的《神奇校园》《神奇列车》《脏兮兮的科学》《古怪科学家》等等，真是太有意思了。这些书非常好，有助于提高你的科学知识水平。我发现你最近变聪明了，看来这些书帮助你广泛地了解了科技知识。但是你要想写作的时候，光有这些还不够。"儿子很好奇，问我还需要什么。我说："也得用上一些合适的词汇、合适的表达方式啊，你也得模仿一些别人的表达，把它们用到自己的作文中。爸爸这里正好有一本《想当然梦游阅读国》，它讲述了阅读的重要性，篇篇经典，篇篇短小，读了你就会喜欢，读了也许能用上，要不要试试看？"儿子欣然接受，立刻开始阅读。你看，我就把老师所谓的"文学性"三个字做了一个具体的解读，让孩子很清楚地知道它的概念。这就是我说的第三点。如实转述，父母要做好分析和解读。分析的时候要告诉自家小孩：老师的爱在哪里；告诉自家小孩：父母对你的希望在哪里。成年人所有的沟通，不都是为了孩子的进步吗？沟通的信息，从来不是责难、不是恐吓，为什么要隐瞒呢？所以，有必要对我们的小孩转述，需要注意的是，转述时的表达方式和表达内容应该做好调整和转化。

　　最后一点，就算父母是转述班主任的话，也不需要一味地传达，可以融入其他元素。小孩不是容器，不是只进不出的。父母邀约小孩来谈一谈，其间也可以鼓励小孩说说对老师的意见有什么感受、有何看法。例如，你可以直接问："孩子，说说看，你对我今天传达的老师的意见，有哪些理解？有什么想法？说说看，也许我会帮助你转达给老师，也许你自己也能和老师对话。"有的父母可能会认为小孩根本不爱跟自己聊。特别是转述老师的话时，气氛很严肃。如果是那样，更需要注意了。不爱聊的，更应该换一种方式聊。例如，你可以这样说："孩子，这是今天老师和我们说的话。你听了有什么想法，可以悄悄地写个纸条给我。"你看，说不出来的时候，你可以让自家小孩写一写嘛。可是，写不了，也不爱说，怎么办？没关系，有空再说。合适的时候再说。每次沟通后，其实小孩心里已经有了想法，心里已经有话了，有就行，适合的时候再说，沟通的目的其实达到了。

不同家庭的不同小孩，有各种各样的脾气秉性，父母尽可能多思考如何关照自己的孩子，我们给大家的建议，仅供大家参考。其实，每位父母，都是和自家小孩沟通的艺术大师。

第 28 课
家人生气时，适合去沟通吗

生气是一种本能。爱生气的人，大多是天生的。不过，生气可以传染，和爱生气的人在一起，也会变得很容易生气。所以，大家还是少生气为好。

本课和大家说的一个话题，与生气有关。我们提出疑问：家人很生气的时候，适合沟通吗？

在以往各个话题的阐述中，我都会给大家多种建议，要么适合，要么不适合，或者说什么情况下适合，什么情况下不适合。而今天，我直接跟大家说出答案：家人生气的时候，不适合去沟通！

我不太建议让容易生气、容易发脾气的那一位家长去和老师沟通。在我二十多年的班主任工作中，确实遇到过类似的情况。小孩在学校有问题了，班主任约家长来沟通。这位爸爸脾气很暴躁，妈妈则比较懦弱，所以妈妈不敢跟老师沟通。于是全家人决定让这个脾气特别暴躁的爸爸去跟老师沟通。我就见过脾气很暴躁的父亲在学校门口和小孩的班主任发生争吵。吵什么不知道，但争吵的结果我知道。结果中有一条是可以肯定的：父母对老师的所有责难，都会被小孩模仿。比如争吵，不管是出于什么目的，吵架的样子、吵架中的表现、吵架的处理方式，小孩都在学。也就是说，最后承受的人都是小孩。

从社会学角度来看，它是一种本能，但更是学习的结果。如果你不希望你的小孩在未来与他人沟通时以"气"服人、以"气"治人、以"气"压人的话，你千万不要让他去学习如何生气，去模仿这种生气状态下的沟通。

一句话总结：父母在小孩面前少生气，最好不生气。可是，有很多天不如人愿的时候。万一你的另一半真的很容易生气，生气的时候有点可怕，那怎么办？我们给大家几个建议：

第一个最简单的方法，谁不生气谁去沟通。也就是真要沟通了，换一个不爱生气的去。这个我相信父母双方是可以协商的，避免让容易生气的家长去沟通，也就行了，对吧？但碰到父母双方脾气都不那么温和时，该怎么办呢？很简单，换一个时间去沟通。此时此刻很生气，缓和一会儿就好一点，换一个时间心情就愉快一点。等到气消了，再去沟通，不就好了吗？还有第三种方法，换一种方法去沟通。在之前的课程中我们跟大家说过，新时代的沟通可以是面对面的聊天，可以是书信，可以是微信留言，可以用各种各样的方式。那么，如果你很生气，你能不能换一种方式去沟通呢？比如不见面，发微信。其实，生气时我们不主张父母直接找老师沟通，我们主张什么呢？生气的时候，夫妻双方先沟通。夫妻聊一聊，也许就不会有问题了；夫妻聊一聊，为的是共同的子女，也就不会有什么大事发生。也许，你还会说："老公，你的脾气这个样子，不要说跟老师聊，连我都受不了。"你看，你把这些知心的话跟容易生气的另一半说一说，可能会让他忍不住笑出来，对吧？

还有一个建议，既然生气了，我们建议先不沟通。先不沟通，父母能做些什么呢？你们可以一起先去看看影片，一起先举办一些家庭活动，一起先跟小孩在一起，静一静、处一处……所以在父母都很生气的时候，我有三句话送给大家：一，缓一缓，缓和一下；二，换一换，换一件事情去做；三，逛一逛，大家一起出去走一走，散散步，也许气就消了嘛，对不对？

好，最不愿意看到的"悲剧"是什么？是你正好很生气，你刚刚得知一个坏消息，没想到在校门口就遇到了老师。此时遇上了班主任，就有点狭路相逢的味道。这个时候，一定要沟通啦，可正在气头上，怎么办？别慌，看了本课后，你一定有所收获。我们还是给大家三句话：第一，忍一忍。这么生气，你要暗示自己、不断告诉自己：不是时候，忍一忍。作为一个成年人，连这个忍耐能力都没有的话，你也会为自己感到惭愧，对不对？第二，忍不住怎么办？约一约。跟老师约一下："老师，今天我可能状态不佳，今天我还有更着急的事情。我们约个时间来聊聊这件事，好吗？"注意，忍一忍、约一约，大事化小，避开锋芒之时。然后呢？谢一声。特别在自己很生气的时候，无论如何提醒自己对老师说一声"谢谢"，说一声"老师，让您费心了"。其实，说谢谢，也是给自己的心理暗示。真的，换位思考一下就能明白：班主任一个人管一整个班，发生在小孩身上的任何一件事，都是他第一个发现、第一个承受的。所以自家小孩的事情，不仅是父母，班主任也同样在承担，同时在承受，你是不是应该和老师说一声："老师您费心了。"在任何时候父母说这样的话都是应该的，这有利于解决问题。生气的时候还能表达这样的谢意，也证明父母有一定的修养。

有的父母说："我做不到。不就是因为老师处理不公平，才让我很生气吗？"注意，公平不公平，也不是一方说了算，对吧？你觉得不公平的时候，也许从另外一个角度看并不是这样的呢？就算真有不公平，怎么办呢？注意，"忍一忍""约一约"，说一声"您费心了"。老师的心一软，老师的心一暖，也许事情就不一样了。心态好，更有助于解决问题，更有利于通过沟通大事化小，也不至于让爱生气的家长气头更盛。讲白了，生气状态下你说的每一句话，都是不合理的，都是不正式的。所以生气状态下说话，都不是正式的沟通。瞧，我们都会原谅你的生气，你自己也要尽快调整，脾气不要越来越放纵哦。

"忍一忍""约一约""谢一声"，我们相约正式的沟通！请记住，如果家人真的很生气，我们再次强调：不合适马上沟通。与班主任沟通是技术，更是艺术。艺术，就要与生气绝缘。因为艺术生于优雅文静，在生气状态下产生的，即便有艺术的成分，也会带来不安。

第 29 课
沟通,让老长辈出面合适吗

本课的讨论重点是:沟通时,需要老长辈出面吗?他们出面合适吗?首先,我们要明确一个概念:老长辈指的就是父母的上一辈。从小孩角度来看,那就是小孩的爷爷、奶奶、外公、外婆。当代社会不少人是隔代抚养,所以,老长辈是否要出面还真的成了一个问题。有时候,父母不让去,他们硬要去,认为"这是分内事";有时候,他们护犊的心态远远超过了父母,沟通的时候过于强势,要知道,班主任都是他们的晚辈;有的时候,他们的人生阅历、处事原则也能瞬间解决问题。

到底老长辈要不要出面跟班主任进行沟通呢?我们给出的建议是:看情况。

要看情况。都看哪些情况呢?第一个,看平时。平时是谁来抚养小孩?这可是重要的前提之一。如今,有不少父母因为工作和一些不可抗力,出现"生而不养"的情况。如果平时爸妈长期不在家,或者在家也全心投入工作,小孩都由老长辈来抚养,那么老长辈无疑是他的临时监护人。因此,就具备了出面的可能性。如果平时都是父母亲来扶养、父母也在家的情况,又为什么要让老长辈去沟通呢?父母让自己的父母去,沟通的意图是什么呢?所以这个情况下,我觉得老长辈出面,不合适。要知道,凡是惊动老长辈出面的,那就是大事件。这点,父母要看清楚。

第二,看事件本身。关于小孩的事,父母认为需要沟通,但这事件本身是"小事",为什么要请老长辈出面呢?我们刚才已经说了,老长辈出面,处理的事就应该是"大事"。如果真的有一些比较大的事情,需要老长辈出面,这个时候我们也非常主张父母同在,父母陪同沟通。只有实在无法抽身的情况,我们称之为"万不得已"情况下,老长辈才"单枪匹马"地出现。请注意,我们一再强调:中华民族的传统美德是尊老。所以,不要动不动就让自己的长辈去跟老师沟通。沟通,说白了是父母的事情。

第三,还要看是否允许。是否允许什么呢?当然是老长辈的身体情况。有些人对自己的父母不够尊重,呼来喝去,明明妈妈身体不好,你又让她去沟通,这就是不孝。父母如果不孝,给小孩的示范也是不良的。例如,有的说:"哎呀,妈妈,你帮我去找老师聊一下,我自己不好意思。"父母都不好意思,还有谁好意思?跟班主任沟通是每个父母的责任。更不要说,老长辈身体情况不大乐观时,还请他去沟通,真是太不应该。万一沟通时一着急,出现各种意外,得不偿失不说,自己也会后悔。当然,如果老长辈的身体特别好,天天锻炼,天天开心,老长辈自己觉得心情愉快,非常想去跟老师见见面,在这种情况下,当然可以出面啦。愉快的人相见,会更加愉快,都是小孩的亲人,有什么不能出面的呢?老长辈为了自己的孙子、孙女、外孙、外孙女出力,他们会感觉到自己真的特别重要，这更有助于他们的身体健康。

好的，接下来我们主要讲一旦出现老长辈出面沟通的情况，该注意些什么？这是父母阅读本课后要提醒"咱爸咱妈"的。

第一条，老长辈一出面沟通，不管什么情况都应该得到尊重。尊老爱幼是我们中华民族的传统美德，而且老年人很喜欢面对面沟通。他们不喜欢用微信，不喜欢写信，也不喜欢发短信。我在班主任任职期间，凡是接待爷爷奶奶、外公外婆，都很尊重。我会先请他们坐下来，给他们倒一杯水之后再聊。注意，大家都不要"匆忙上阵"，不要站在路边就谈起来，这样不文明也不慎重。老长辈出面，就要有老长辈的威严，沟通时，可以坐下来，喝杯茶，让沟通更加顺畅。我也希望有班主任看到此书，也关注这一条。从父母的角度来看，应该提醒自己的爸妈：沟通时，找合适的场合，用合适的方法，慢慢来。有话好好说。

第二条是提醒。第一，既然你得到了班主任的尊重，那么老长辈们最好也不要倚老卖老。一些青年班主任反应特别不喜欢那些一上来就大声指责的老爷爷。他们火气大，不好惹，说了也不听。如果这样，根本就算不上沟通。要知道，沟通的目的是解决问题，不是发威，不允许您倚老卖老。沟通了，在老师心中留下了好印象，也有助于自家小孩的成长。沟通是为了达到这个目的，而沟通时倚老卖老，不就是忘了为什么去沟通了吗？忘了目的，不就是白去了吗？所以，从沟通的目的上看，不建议老长辈们用这种方式沟通。第二，即便班主任很年轻，这个特殊的沟通对象也值得尊重。各位尊敬的老长辈，请记住：跟孩子的班主任沟通，他们的职业，他们所做的工作，他们为您的后代所做出的奉献，本身就值得尊重。再次提醒，千万不要倚老卖老。老长辈出面和班主任沟通，除非情况特殊，否则您都只是代替父母去解决问题，暂时代替而已。此刻，您要显出优雅从容的家风，更加高的素养，更有老者的风范与气度，千万不要反其道而行。

以上，是给老长辈们的提醒。

第三个，老长辈出面跟班主任沟通，以信息传递为主，传递的时候以客观转达为原则。为什么要把所有的决定权交还给父母？毕竟老长辈是代替父母去沟通的，即便父母在外地，暂时不能赶回来，沟通之后也要做好信息的传递工作。在我的班主任工作中，发现老长辈有的时候会因为爱孙心切，往往急着让老师做出决定，也会曲解老师的意思。实际上，越着急做出的决定越不合理，越着急做出的决定越不科学，越不利于晚辈的成长。

最后，我有一个观点要跟大家分享：实际上在班主任心中，父母才是沟通的第一选择对象。毕竟法定监护人是小孩的父母。沟通时，父母不出现，由老长辈代为沟通，一定是有特殊情况的。特殊情况的特殊沟通，我们应该特殊对待。在这种情况下，我们依然建议直接与父母沟通。

各位父母，看完这课，你是否有些思考？让老长辈出面沟通孩子的教育问题是否合适呢？真的是万不得已吗？

第 30 课
沟通时，小孩要在场吗

说到沟通，我们举例说明了很多情况，但一直忽视了一个重要的参与者——小孩。沟通的目的是为了小孩，沟通的参与者，为什么没有小孩呢？当然，也许你发现，我们这部书主要是指导父母和班主任、老师之间的沟通，小孩当然不是主角。

可是，没有小孩的沟通，还有存在的意义吗？而且，从沟通的目的上看，怎么能缺了小孩呢？这么一想，答案立刻就明确了……这一课，我们来谈谈父母和班主任沟通时，需要小孩在场吗？

已经有父母发现，本书中对于很多问题给出的答案都是相同的，都是三个字"看情况"。首先，我比较主张小孩不需要在场。为什么呢？因为父母和老师沟通，这原本就是大人之间的事情，交谈的话题已经是围绕着小孩了，那么，这个时候小孩还是不在场为好。小孩在场，很多话说不开、不好说，大人之间的交谈是停留在对未来的协商，对即将出现的教育效果的一种调整。况且，父母和班主任聊小孩，有表扬，也有批评，还有很多时候是围绕着问题、事情做出的商议，很多事还没有形成定论呢。这个时候如果小孩在场，那些还没有确定的话、面对面评论别人的话，就很难出口了。第二，小孩本身也不大愿意。在我二十多年的班主任工作中，我的真实感受确实是这样的。有的时候，爸妈还真热情地带着小孩来到我的面前，让小孩旁听。我们谈，小孩听，这应该说算是"一起沟通"了。这个时候，我发现小孩是极其不自然的。为什么？大人说的话，小孩不是很喜欢。大人说的事情是针对小孩的，他自己会感到有点羞涩，而且爸爸妈妈喜欢动不动就让小朋友做出表态，总是说："你看，老师说的，你听到了没有？老师说的，你记住了没有？老师刚才讲的，你一定要做到啊……"所以，小朋友在整个过程中，显得比较尴尬。你会发现小孩似乎总是低着头，或者做自己的事，或者不厌其烦地说："好的，我懂了。"他真的懂了吗？未必。他来的意义大不大？很难说。第三，父母和老师沟通，并非要当下就起作用。真正对小孩有用的，都是"慢工出细活"，都是"利在千秋"，为的是小孩的长远发展。如果，让小孩参与到沟通过程中，摆出"马上就办，立刻就解决"的态度，是不是有点急了。记住：所有的教育，如果要对小孩的未来产生作用的话，那应该是"中药养生"型的，应该是细水长流的，应该是来日方长的。如果让小孩在现场，有一种沟通的紧迫感，有一种"马上就办，立刻见效"的急促感。因此，我并不主张父母和老师沟通的时候，让小孩在场。

但是，之前我们就说了，这个话题是"两说"。我也从经历过的工作案例中发现：小孩在场，确实可以营造出比较好玩的沟通氛围。很多时候，父母跟老师沟通时，喜欢把孩子带在身边。班主任问了才知道，原因很简单——没有办法，家里没有人带呀。请允许我们带着孩子去沟通，好吗？好的，但是请记住：小孩在场，你跟老师之间的沟通千万不要忽略一个存在的听众，要做到有的话说给小孩听。此时此刻，父母和老师之间的沟通，就是一种教育小孩的方式。

如果小孩在场，也有忌讳。忌讳什么呢？忌讳当着自己小孩的面，不断美化别人家的小孩。中国的爸妈在沟通的时候，非常喜欢拿"别人家的孩子"做比较，把自己家的小孩给比下去，动不动就说："你看，人家邻居小明，是这样乖啊。他……你看，人家小红，她……"好像自己家的小孩根本不值一提，好像自家的小孩可以随便说。一点也不顾及小孩的心理。没错，小孩是你的，你怎么说他都不为过。但就因为小孩是你的，你更应该好好鼓励他，对不对？这个道理我们一讲大家就明白了。我们希望小孩在场的时候，父母和老师的沟通要做到一个原则，叫"绝不比较"。各位父母请记住，就事说事、有事说事，不要动不动就扯出别人家的小孩来做比较。

我还有一个小提醒。如果自家小孩真的在场，父母跟老师沟通的时候，记住引导小孩一起参与沟通。比如：围绕一个话题，你可以邀请小孩一起发表观点，你也可以请他谈谈对这个事情的看法。我们是邀请小孩来沟通，而不是让小孩来回应。请注意，这个时候，小孩不是成年人沟通时的回声机。只知道说"对""好""没错"。沟通时的动作应该是多样的、生动的，而不能仅仅是点头、低头、摇头……父母应该让小孩充分介入。例如说："来来来，宝贝，这个问题老师也说了。爸爸也有想法，你谈谈你的看法。"小孩的沟通信息，应该平等地介入到各方之间。为什么？理由非常简单，因为在这个沟通场合中，父母、班主任，还有你的小孩都是沟通的话题参与者，也是信息的接收者。因此，从平等沟通原则来看，小孩也应该得到尊重。

第 31 课
对班主任的意见不满意，如何再沟通

请不要期待沟通过程中能一直一帆风顺。有时候沟通的结果就是你所期待的，有时候结果反而是你最不愿意看到的。我们可以决定自己的想法，但我们无法左右他人。

本课，我们和大家说的话题叫：与班主任沟通后，处理的结果让人不满意，父母几乎不能接受处理结果的时候，该如何解决？需要再沟通吗？

如果自己的小孩在学校里，出了些小麻烦，例如和同学打架了。这时候，你也按照我们书中的建议，和班主任沟通过了。因此你了解到，在这次的事件中，应该承担主要责任的并非自己的小孩，可是沟通后班主任的处理意见父母并不满意。在这个时候，父母该怎么办呢？还能通过沟通解决问题吗？怎么样，这个话题很棘手吧。我们给出的建议就一句话：不满意，就是代表需要再沟通。不过，这个时候的沟通，确实不能随便。

我们建议大家不要急着沟通，此时，至少要有三个缓冲。

第一个缓冲，处理意见不满意的时候，你可以把意见带回家，说给家中的另一半，由另一半给我们一个缓冲的空间。我们曾经说过，家中的另一半很重要。另一半，最好的理解就是配偶，有时候情况特殊，也可以指家中的老长辈。前面我们给老长辈下的定义，就是小孩的爷爷、外公这一辈。让他们来听一听，参谋一下，一起讨论这个处理意见。其实，有的时候"满意"或者"不满意"，是个人判断的结果。大家一起聊，结果就不一样了，每个人的视角是不同的。很多时候，一个人的判断是不够周全的，听听家人的意见，也许你会有新的思路。

第二个缓冲，不满意的时候，你可以换一个角度。从小孩的角度想一想，用童心来缓冲：这个意见，我的孩子能接受吗？换一个角度，换一种心态，得到的结果一定不同了。结果不一样，沟通的方向就会得到调整——我的孩子接受了这样的意见之后，会不会影响他的成长？我该如何让影响朝着好的方向发展？注意，我们这里说的"成长"是指大的，是面向未来的，而不仅仅关于当下。其实，很多时候是大人想多了、想深了、想难了、想到眼前了、想得功利了。换一个角度，自己也容易想通了。

第三个缓冲，不满意的时候，我也请你从班级的层面想一想，用自己的度量来缓冲。说这点之前，允许我先举个例子：有一次，一位父亲让我给他的小孩调整座位。他说他的孩子是一个班干部，而旁边却是一个比较调皮的小朋友，这小朋友上课特别爱讲话，不是很认真，影响自己孩子的学习，希望我给他调一个座位。这个要求看起来很简单，但我思考之后，没有答应他的要求。突然调整座位，别的家长也不答应，会引起一连串的反应。所以，最终我没有做出调整，但是这个结果并不是说班主任不接受他的请求，而是这个请求与班级管理相矛盾了，暂时不能执行。班主任希望从班级管理的角度来看待问题，也希望通过提醒、关注等其他方式，帮助两个孩子进步。至少，能够在班主任以及各科老师的关注下，适当给予约束、提醒，达到"不相互影响"的结果。同时，班主任的心里也盘算着找个合适的机会再做调整。所以，当处理结果对家长来说"不满意"的时候，家长可以从班级管理的层面去想，会明白班主任的做法是合理的。案例中的那个父亲和我沟通后，知道了原因，完全接受我的做法，双方沟通非常愉快。请注意，这里已经产生了第二次沟通。

所以，当父母不是很满意班主任的处理结果时，不妨从班级层面想一想。

我们刚才说的三个缓冲，如果各位父母能够接受，那么我们这个话题就告一段落。但是，在多数情况下，父母还是不能接受。例如，你问了家人，家人觉得不能接受，必须再沟通；你从小孩角度想，小孩也觉得这样做不公平，必须去沟通；你从老师班级管理的层面想，凭什么我家里小孩要做出"牺牲"呢？缓冲不起作用的时候，文明又该如何是好？此时，我们主张父母进入第二次沟通。

缓和一阵，退让三步，再次沟通，我相信此时去沟通，父母会更加理性。这时候的沟通我也给出几个建议。

第一，沟通之初，先说一说："老师，您的这个处理结果，我们一家人是持这样的意见……"把家人讨论的信息提供给老师，让老师参考，这是个不错的选择。第二，你还可以说说："老师，您的这个处理结果还能不能做出调整呢？是最终决定吗？我想了想，您可以这么调整或者这样做一些改变吗？"把你的设想或者另一方案跟老师分享。第三，你还可以说一说："老师，您的这个处理结果肯定是从您的角度出发了，我也相信是从班级的这个大层面出发的，但是我更希望您在这次沟通时能够听听我的建议。我就是一个家长，从一个家庭的角度去看，为什么这个处理结果我们暂时难以接受呢？"你可以直接地表达你自己的观点与判断。

以之前的例子分析，假如是那个父亲听到老师说："哎呀，抱歉，不能调整座位，您的孩子作为班委，这个时候更需要他自我约束，同时也希望他能以身作则约束同桌。"那么，父亲可以说："老师您的出发点不错，这是作为一个班委应该承担的责任，但是我们希望能不能让其他孩子也轮流做调皮小孩的同桌呢？这样可以培养孩子们互帮互助的精神，也可以帮这个孩子找到最适合他的同桌。毕竟我家的小孩自己也是个孩子，他也缺乏自控力。长期这样，他也有可能会被影响。"当你从父母的角度直接向老师表达你的观点，我相信没有一个老师会觉得你说的是不合理的。为什么？作为父母，我们一心为自家小孩着想，这是天经地义的事，从父母的角度出发，这是可以提出的要求。

一次沟通不满意，父母可以再次沟通。我们最后提醒大家：一定要在沟通之后表达感谢。各位父母，这种情况下的沟通，你要是能够表现出你的宽容、大度、理解，就是在向班主任展示父母的一种涵养，表达家庭要与班主任形成教育合力的一种观念，我相信这个观念有利于问题的解决。相反，如果你耍脾气、发飙、生气、拍桌子，这绝对不是沟通，我们说的沟通是建立在合理、民主、平等基础上的话语信息往来。

第五章

沟通的友谊助建

第 32 课
沟通后，能和班主任成为朋友吗

我们常说沟通是为了达成目的。目的也是有层次之分的。之前说到的"解决问题"，是较为低层面的；本课提出的"成为朋友"，相对而言是比较高层面的。和班主任沟通，如果能经过沟通成为朋友，那真的是皆大欢喜。

本课和大家聊一个话题：如何与班主任成为朋友？我们希望经过沟通，家长和班主任双方能成为朋友。

可是，问题也随之而来：父母能跟班主任成为朋友吗？答案是：能！一定能！通过沟通，父母与班主任之间的友谊能渐入佳境。

在二十多年的班主任工作经验中，我最大的收获就是友谊，许许多多家长如今都是我的朋友。有的是我带班的时候就已经成为朋友，有的是我卸任多年后成了我的朋友。有一个例子我终生难忘，因为这和我的儿子有关。我儿子出生的时候遇到了一些小小的困难，当时是一个在妇产医院工作的家长帮助了我。这位母亲是我"曾经的家长"，尽管孩子毕业多年，她仍然非常主动热情地关心我，帮我渡过了这个难关。若非当初我跟父母沟通得很顺畅，在沟通中建立了友情，又怎么会换来今天的善果呢？

所以，家长和班主任沟通顺畅，不但能够为小孩的教育、成长助力，还可以结交到一个新的朋友。所以，让沟通成为友谊的开始吧。如果你也希望通过沟通，慢慢与班主任成为朋友，那么在沟通的时候该注意些什么呢？

首先，注意内容的选取。沟通的内容，除了聊小孩，还可以谈谈生活。之前，为了准备这套课程，我问了许许多多不同年龄层的班主任，我发现不同年龄层的对象，需要沟通的内容不同。跟年轻的班主任，多聊聊旅行，多聊聊美食，多聊聊生活中的琐事，这个比较贴近他们的生活。跟中年的班主任，可以多聊聊他们的孩子，多聊聊育儿，多聊聊孩子成长中的各种事件。虽然也是聊孩子，但是聊的是班主任的小孩。跟中老年班主任可以聊聊人生，聊聊自己的长辈，可以分享一下长辈们的生活。瞧，和不同年龄层的班主任，你聊的话题除了自家的小孩之外，还可以跟班主任们聊一聊"他的生活"。聊生活，以生活为纽带，你们很快就会成为朋友。

其次，注意对象。在跟班主任沟通中，请多关注班主任、关心班主任。之前我们讲的各个话题，很多都是从家长的角度去考虑：我要跟老师聊些什么？聊的时候我要达成怎样的目标……现在我们这个版块主要是讲如何通过沟通和班主任建立友谊。于是，在沟通中，我们需要更多地去关注友谊的另一方——班主任。人的需要是分层次的，比如说第一层，是关于生理需要的满足；第二层，关于安全需要的满足；第三层，关于社交需要的满足；第四层，尊重需要的满足；第五层，自我实现需要的满足。当然，这个是社会学家的界定。我们知道这个需求层次后，要把它进行转化。人的需求是不同的，因此我们在跟班主任沟通时，能不能更多地关注班主任的需求呢？

在沟通中，如果我们让班主任有安全感，班主任就会觉得我们这样的朋友是非常可靠、可信、值得托付的。瞧，让班主任感到你是可以信任的人，这就是满足他的需要。你跟班主任沟通的时候，还可以满足他被尊重的需要。我们在之前的课程中，不断跟大家交代：要注重沟通的礼仪，在沟通中要不断地致谢、感恩。班主任的工作，说白了是为了你家的小孩服务，因此需要得到尊重。家长还可以帮助班主任实现什么需要呢？可以帮助班主任实现他的自我发展。有的时候，家长可以帮助班主任提高专业技能。这个过程中，你和班主任的沟通有助于班主任自身的成长。满足班主任的需要、关注班主任的成长，你们就会成为朋友。朋友，是互相帮助的。

有一种很有意思的主张：设身处地，换位思考。一般情况下，沟通的一方都是从自己的角度出发，说自己的话，达成自己的目的。但如果是沟通高手，他会从他人的角度出发，在满足他人需要的同时，实现自己的目标。如果是顶级高手，沟通的时候会忘掉自己，全心全意为他人服务。这样的人，自带光芒，往往能够成为沟通中的"圣人"。越是忘记自己，越在他人心中有存在感。

最后，即便我们与班主任像朋友一样沟通，也请各位爸妈不要忘记三点：第一点，简称"无欲则刚"——不要每次沟通，你都要达到一个既定的目的。虽然说沟通中有目的，是沟通的要求。但家长有时也可以与班主任进行一些轻松的交流。聊天，能给人带来轻松愉快的感觉，这就是我们说的"无欲则刚"。第二点叫互帮互助——沟通不要带着攻击性、目的性，好像我们跟班主任沟通的目的，就是让班主任来帮助我们。作为朋友，你也可以提供一些帮助。互帮互助，你们才能建立友谊。不要带着差别心、等级心沟通，要平等地去沟通。第三点是最重要的，叫面向长久。有的父母跟班主任沟通，第一次见面特别热情，第二次见面热情减少，第三次见面就不温不火。此后，每一次见面都是在损耗友情，哪怕你美其名曰"平平淡淡才是真"。与其这样，还不如第一次就平平淡淡，不是说"平淡才能长久"吗？所以，不要三分钟热度，不要前后态度差距过大。与班主任沟通，从最初的热情到趋于平缓地渐入佳境，目光长远，才是好的沟通。

到了本课，我们已经分析到了"友情"。相信大家已经发现，之前我们注重危机解决，针对的是具体问题，眼睛定在一个点上；到了后来，我们目光放得长远，关注到沟通中"人"的因素。沟通，不是为了"立地成佛"，而是为了长久的修炼。

第 33 课
请老师吃饭，是好的沟通方式吗

想一想，朋友之间最常做什么呢？

吃饭、打牌、逛街、看电影……和老师成为朋友之后，也能像普通朋友一样请他吃饭吗？

请老师吃饭，是好的沟通方式吗？

"吃饭"是"中国式"沟通中最常见的方式，也是最有效的方式。如今我们要建立友谊，吃饭，毫无意外是不二选择。本课我们不妨就说说这个很有意思的话题：请老师吃饭，我们就能成为朋友吗？

很多人在想：要成为朋友还不简单，我请老师吃几顿饭嘛。请老师吃饭，可以说是好办法。能在一起吃饭，就证明是朋友了。必须承认，请老师吃饭是与他成为朋友的一种好方法。为什么呢？前文我们的建议中出现一个词——"中国式"。咱们中国人，非常喜欢或者说非常习惯在饭桌上谈事。每次吃饭，人和人之间的感情就加深一步。其他时候谈不成的事，吃饭时就谈成了，这种情况也很常见。吃饭，理论上可以增进班主任与家长之间的关系。

相信你已经注意到"理论上"这个表述了，请注意：我们不是强调要跟班主任成为朋友，就要拼命请老师吃饭。吃饭只是提供了交流的机会，最核心的还是沟通。所以我们给大家提出一个重要建议：假如要请老师吃饭，可不可以在饭桌上跟老师沟通？答案是：可以。但是，具体该怎么做，请各位父母不要纠结"要不要""行不行""能不能"，一切都有可能，条条大路通罗马。我们要知道的是，在通往罗马的大道上，你该以怎样的姿态行走。

吃饭该如何吃，如何在吃的过程中沟通呢？

第一，不要让吃饭变成了附加目的。你好不容易约班主任吃饭，和班主任有一次小聚。请注意沟通不要太急、太多，目的太明显。事情说得太多，会让吃饭成为附加目的，饭都吃不香。吃饭的时候沟通，说事要控制时间、找准机会，饭吃得不安稳，会适得其反。

第二，吃饭的时候，说话要有度。我们的传统礼仪一直强调吃饭的时候不谈话。注意，不要刻板地去理解。"吃饭不说话"，指的是当有食物放在嘴中的时候，用心去咀嚼，不要说话。如果说话时，嘴中的食物残渣和唾液星子喷出来，很不卫生。食物吞咽下去之后，你们当然可以交谈了。

但是，吃饭的时候沟通，不要说一些沉重的问题。我建议大家多聊一些轻松愉快的、关于生活的话题。吃饭就是生活，少谈一些相对沉重的教育话题。例如，你在吃饭的时候，和班主任讨论：小孩在学校中遇到的困难；看看这道作业该怎么做。甚至，你在饭桌上直接拿出一张考卷，说："老师，你给看一看……"记住：谁都不喜欢在吃饭的时候谈事。只要你拿出试卷，班主任哪怕礼貌地查阅卷子，心里也一定有排斥、不悦的情绪。所以，吃饭的时候请谈一些轻松愉快的事好吗？

第三，吃饭的时候，不要带小孩。父母借助吃饭的机会跟老师沟通，孩子尽量不要在场。其一，父母带小孩和老师吃饭，小孩本身特别拘束，吃也吃不下，吃也吃不香；其二，老师显得有点尴尬；其三，你们在沟通的时候，说话会有更多顾忌。还有一种情况就更可怕了：如果，你的小孩不懂得饭桌礼仪，不但不拘束自己的行为，不讲究卫生，而且特别吵，这种情况会影响孩子在老师心中的印象。

我知道有的时候，我们必须带着小孩去吃饭。我提醒大家，在去之前请尽量和小孩约法三章。事先跟小孩交代好："今天我们跟你的班主任吃个饭，我们聊聊天，请你注意饭桌礼仪。老师也可能跟你沟通，请你主动回应。"父母事先把话交代好，这叫"不得已而为之"。但还是尽量不要带小孩出席这样的场合，让父母跟老师之间的沟通环境纯粹一点。

第四，我们来说说频率问题。哪怕你跟老师已经是好友了，我也不建议你们经常一起吃饭。有人说："我跟老师已经是好友了，我们经常吃饭，怎么了？"注意，哪怕已经是好友了，我也建议你们控制好吃饭的频率。为什么？其一，沟通应该是简单有效的。孩子的教育问题尽量不要在饭桌上解决。我们一再强调：老师和父母的沟通是"一对多"的状态，老师分配给班上每一个家庭的时间是有限的，有效的沟通才能真正地从心里去理解、尊重老师。也只有这样，老师才有更多的时间去思考如何管理班级、如何重视儿童的发展。所以，即使你们已经是好友了，我也建议控制下吃饭的频率。一个学期，约一到两次完全足够了。剩下的沟通，我们已经在其他的章节中说了，总之一句话，可以以各种各样的方式来进行。

第五，没有吃饭，我们依然乐意成为朋友。这一条我们必须说清楚：我们跟大家分享的这本书，居然专门讲到"吃饭"这个话题。难道我们崇尚奢侈风？绝对不是，我们并不是鼓励家长通过请老师吃饭来套近乎。我们告诉大家：吃饭可以成为一种沟通方式，借助吃饭来沟通是有讲究的。同时我们提醒大家，没跟老师吃饭，你们还是可以成为朋友。为什么？朋友之间的沟通无外乎两个关键词：平等、真诚。如果你能够跟老师真诚且平等地相处，沟通就可以如常进行，你们的友情也会与日俱增。不采用吃饭相聚的方式，用其他任何一种方式，即便是在校门口聊聊天，在放学的路上相遇了谈一谈，也能成为朋友。特别是在遇到问题的时候，如果你能够多多支持你的班主任，你能够更多地站在班主任的角度去想问题，你们的友情在共同经历了一些事情之后一定会有所成长。

吃饭与否，不是关键；怎么吃饭，才是重点。这是本课最想要和大家分享的一个重要建议。吃饭，是好的沟通方式，但并不是唯一的沟通方式。

第 34 课
友情，需要沟通来维系吗

假设，各位父母已经和班主任之间建立起了友谊。本课接着这个假设，和大家说说：父母与班主任的友情，可以用沟通来维系吗？

维系，就是维持。怎么维持，靠联系。联系的方式，就是沟通。相信我们看到这一行文字，心中已经有了答案。

友情是人世间最美好的情感之一，所以我们经常在很多文学作品中看到这两个充满温情的字。作家也好，普通人也好，我们经常用最美好的词汇来形容、诠释友情，我们会用最美好的心来祝愿友情长青。我们也都希望，在友情之桥另一端的班主任、老师们，也能够如我们一样共同珍爱拥有的友情。

理想很丰满，现实很骨感。友情的确很美好，但是现实告诉我们，友情也是需要维护的。友情如果不维系是会消散的，友情是无法自动保鲜的。班主任和各位父母之间的友情，更需要通过各种方式维系。沟通，无疑是最合适的一种方式。那么，究竟如何用沟通维系父母和班主任之间的友情呢？我们给大家几个建议。

第一，和班主任的沟通时间可以有所选择。我们可以在特殊的时间和班主任沟通，比如：一些特殊的节日、假日、双休日。有一些特殊的日子，千万不要错过，例如：班主任的生日。有的人会说："班主任的生日，我怎么会知道呢？"过去，我们很难知道班主任的生日，而今天，父母可以从很多渠道获取班主任的生日信息，比如：我们加了班主任的QQ，很自然地就能发现生日信息，在生日到来的时候，很多系统会提醒你给对方送出祝福。加了班主任的微信，也会在朋友圈获得各种信息。也许你会说，这些信息是假的。不论是真是假，发出的祝福都能体现你的用心。这就是接受友情最为真诚与美好的态度。把态度亮出来，就是亮出维系友情的愿望。千万不要忽视这些特殊的维系时间。选择好时间进行沟通，事半功倍。

第二，维系友情的沟通，要注意适当调整频率。再好的友情，如果你长时间没有和别人沟通，要想维系你们两个之间的友情也很难。确实，我们见过那些一辈子不联系，但一见面却可以紧紧拥抱的友谊。父母和班主任之间的友谊是需要维系的，他们之间的友情刚刚建立，基础不牢，如果不联系，很快就会淡了。那么我们如何去维系这刚刚建立的友谊呢？

我们的建议是，适当增加沟通的频率。频繁就是心与心的共振，频率调到什么样的幅度为好？是不是越频繁越好？当然不是。班主任工作繁忙，我们也一再强调他"一对多"的状态与性质。那么，什么频率比较合适呢？建议至少两个月沟通一次。有人问："为什么是两个月呢？"大家想想，两个月，基本上半个学期就到了。我们主张每半个学期，主动和班主任进行一次沟通。而这次的沟通，我们希望是以"见面"这种沟通方式。很多时候我们总是说自己太忙而忽略了一切，忘记了对方，那么现在，我们要重视这份友情，就要把对方放在心里。两个月和对方进行一次沟通，这就是维系友情应有的沟通频率。

第三，我们建议：维系友情，需要注意沟通内容。很多父母和班主任沟通一上来就说事情，就聊小孩……似乎我们跟班主任之间的沟通，永远只有一个话题——聊聊我家的孩子。可不可以？完全可以。但是你要想一想，维系友情的沟通，我们能不能讲究一点艺术性呢？能不能不要一上来就聊小孩呢？

更可怕的是，有的父母一上来就提出要求。他们心里是这样想的：我跟班主任是好朋友，好朋友说话就应该直来直去，不要绕弯子。所以，为了节省对方的时间，一上来就说说我的诉求，有何不可呢？可以，但有一个前提条件——友情牢靠。当父母觉得自己和班主任的友情比较深厚的时候，可以不绕弯子，有话直说。但是，目前我们真的还只是处在维系友情的阶段，我们希望大家尽量避免一上来就给对方提出要求，给人紧迫感、压迫感。甚至，有的父母和班主任的沟通比较敷衍，一上来先寒暄几句"好，好，好"，接着话锋一转，马上说："知道您时间紧张，我们来聊……"讲完自己的诉求之后，立刻说："不耽误您啦，我就说到这里，下次再聊啊。我的意见，请您多思考啊。"一上来就说，说完就和对方再见，这不是维系友情的沟通。

看完上面的话，我们给大家做三个提醒：第一，不要一上来就说小孩；第二，不要一上来就提要求；第三，不要一说完自己的话，就说再见。

看到这里，父母还会追问："像朋友一样维系友情的沟通，到底该说些什么呢？"内容是沟通的重点，内容为王。关于这点，我们有以下建议：

第一，可以说说爱好。朋友之间，就是聊爱好。你和班主任之间共同的爱好，就是沟通的最佳话题。比如：有人和我聊国画，我就很高兴；谈游泳，我就很兴奋；说健身，我就很来劲。你和我说购物、名牌、奢侈品，我就是个幼儿园的小孩。找到共同点，就建立好了沟通的平台。

第二，还可以聊聊教育。我们说的教育，不是指教育的具体事件，而是指教育的观念。父母和班主任的教育理念，可以有共同的观点，也可以有各自不同的观点。聊一聊，有助于求同存异，友谊长久。教育是我们双方的共同话题，当然，最后都要聚焦在生活上。丰富多彩的生活有利于维系友情。

聊爱好、聊教育、聊生活之后，我们还可以再聊聊你的小孩，最后再提出你的诉求。磨刀不误砍柴工，注意沟通的内容，才能让沟通活色生香。

最后，我们还有一个提醒：维系友情的沟通，要注意多样化。打电话是如今最常用的一种沟通方式，发微信也不错。我们通过调查发现，无论是一些老班主任，还是青年班主任，他们中很大一部分人怀念书信这种沟通方式，认为复古的才是真实的，才是真情的，也才真正有意义。如果你真的能够给班主任写一封信的话，这个友情维系的效果会很好。国外，经常使用的交流工具是电子邮件，这是另一种版本的书信，也是另一种形式的沟通。当然，我们还是认为，最好的沟通方式就是面对面沟通。如果时间安排不过来，我们可以用这个时代比较常用的其他方式沟通。

　　总之，和班主任沟通，维系我们之间的友情，建议大家要灵活多样，不要只拘泥于一种方式。

第 35 课
换班了，怎么和新班主任沟通

接着友情的话题，问一个问题：换班了，父母和班主任之间的友情换不换？当然不换啦！回答这样干脆，这才是真友情。好不容易建立了友情，换班了又怎么样，友情又怎么能换？

可是，换班是经常有的事。即便不换班，也可能换班主任。有时候老师临时有情况，课上两周就换了新老师。刚刚建立起来的友情，该怎么办？

在之前的几课中，我们不断跟各位父母说"友情来之不易"。班主任虽然换了，但感情不会换。换班了之后，和新班主任之间的沟通情况也会发生些变化，我们的沟通方式与沟通内容也要做出调整。

沟通，真是让人说不清楚。沟通对象的变化，也会带来沟通状况的变化。假设，原任班主任已经和你成为朋友，你们的沟通状况很顺畅、舒服。接手班级的新班主任，成了你要去沟通的新对象，成了要重新建立友谊关系的对象。本课，我们分开说：其一，关于原任班主任友谊如何维系？既然你们已经是朋友了，和原任班主任沟通，应该长长久久地保持下去。只要看得重，注意维系，很多时候你会收获各种各样的惊喜。我就遇到过很多惊喜：我曾教过一个女学生，她在我班上读书的时候，我就和她的家长成了朋友。她毕业之后，过了几年，她的弟弟也成了我的学生，这几年间我们一直保持联系，现在弟弟又来了，友情也因为他而加深了。记住，班主任也是人，他是一个从事教育职业的人。他作为人的属性，是不会变的。所以我们要像和朋友相处那样，和原班主任以沟通维系友情。

其二，我们侧重说在换班情况下，怎样通过沟通跟新任班主任建立起友谊呢？

这里有两个关键词，班主任是"新任班主任"；友情是"重新建立"。结合这两个关键词，我们也提几个小建议。

第一个建议：和现任班主任的沟通，可以聊一聊"我"。这里的"我"，就是各位父母。可以主动地说说"我"和前任班主任之间的友情。以你和前任班主任的交往经历为话题，给沟通引路，这有助于你在短时间内跟现任班主任建立良好的沟通，变得更加亲密。有的人说，之前的课程不是教大家一招——不要用绕圈子的方式来说话，比如：跟班主任说话时不要说"我认识某某校长""我认识某某局长""我和谁是好朋友"……这一次的情况除外。我们可以和班主任说："我们和上一任班主任之间也相处得很好。"这是在表示我们对"班主任"这一特殊群体的尊重。这样的尊重是可以转移的，也会让现任班主任对你产生好感。相反，最不恰当的沟通就是你和现任班主任说前任班主任的坏话。注意，从班主任的角度来看，这是让人无法接受的。都是同行，说前任就是说自己；

否定前任，就是否定班主任这个群体。沟通，我们要顾及对方的心理。换做是你，听起来是什么感觉？"你迟早要跟别人说我的坏话。"很多老师都会这么想，这就叫作同理心，请各位父母体会一下。

我们跟前任班主任是朋友，我们就以友情作为引入的话题，这样比较容易建立跟现任班主任之间的沟通，建立与新朋友的友情。

第二，在沟通过程中，我们还可以适当回忆过往沟通的美好回忆，共享一些曾经发生的感人的事。如果没有这类事，就说明你和前任班主任并不是真的朋友。友情，就是在这一个个温暖的过往中得到确证。比如：一位父亲正好是这个班的家委会成员，在前任班主任工作期间，为班级出力，成为班主任的好友。此时，父亲就可以跟老师说到自己上一届是怎么帮助老师组建班级图书馆的，是怎样为孩子们挑选共读书目的，是怎样去筹建一个图书角的，是怎么帮助老师管理这个班级的，是怎么让自己的孩子参与班级管理的……你有太多美好的回忆，做过太多的善事，当然应该把这些事件、经历和现任班主任聊一聊。我相信，现任班主任听到心里一定会有触动，也许会不由自主地说："哇，真好。这一届我来当班主任，您能继续这样支持吗？当然，我也会继续给您这个机会，邀请您继续担任家委会成员，以便您继续协助我带好这个团队！"瞧，这些经历的回忆，这些信息的沟通，有助于父母和班主任尽快建立起一个良好的关系。请父母记住，沟通的时候请站在老师的角度多理解，站在发展的角度去表达，效果会更好。不要总是自说自话，说的时候还要多邀请新班主任参与讨论，比如：你回忆起一些纠纷的处理情况，回忆起当时与你前任班主任之间是如何协作的，如何处理这个问题的。你可以让新班主任说说：您看，我做得对吗？您会怎么办？您希望家长如何在这些问题上给予更多支持……多跟老师分享这些信息，有助于你跟现任老师建立密切的关系。

第三，过往沟通中的问题要注意调整与消化。过往沟通中有没有问题呢？一定有！不能回避，也不要视而不见。即便你跟上一任的班主任是好朋友，朋友之间也会有问题，友谊也不是一天就建立的，对吧？所以在过往的沟通中，你曾经遇到的一些问题，你们的处理方式、处理结果等，这些都可以跟现任班主任介绍。问题总是实实在在地存在，把它呈现出来并不影响关系建立。例如，我们给新班主任举出一个例子："老师，您看，当时为了建这个班级图书角，我们考虑了很多的细节。当时我们非常希望选购一些科学书，可是班主任希望图书角以文学书为主。针对这个问题，他跟我们家委会之间存在了一些不同的观点。后来我们经过协商，圆满解决了问题。"请各位父母注意，当我们把沟通中的问题向老师揭示出来时，也会透露出你的诚意。但是请留心，揭示问题的过程不是暴露矛盾，而是告诉老师问题处理的结果。因为有美满的结果，即便过程再纠结，都是值得期待的。

其实，当你注意以上三个沟通要点之后，现任班主任一定会感觉你是一位真诚的人，你是值得信任的人。友情，因为信任而深厚。

第六章
沟通的危机化解

第 36 课
不欢而散的沟通，从何而来

沟通，有成功，必然也有失败。和班主任沟通，之前我们说了很多成功的案例。从本课开始，我们来分析那些失败的案例：不欢而散的沟通，从何而来？

之前我们不断强调：沟通促进了家长与班主任之间的友谊，这是家校关系的最佳状态。在我二十多年的教学工作中，我也遇到过糟糕的沟通经历。有一部分父母没和班主任沟通的时候，大家的关系还维系得不错，和班主任沟通后，有时反而不欢而散。

不幸的是，有时沟通不欢而散了，父母也不知道，为什么会有这样的结果。

先和大家说说，不欢而散的结果到底是怎么来的？这样的结果，是不是沟通导致的？答案是：没错，沟通不当，当然达不到预期的效果。那么，问题就集中指向沟通了，找到根源才能根治。沟通存在以下几点问题：

第一，父母和班主任的第一次见面，第一印象特别重要。有的时候，父母找班主任沟通，会给人一种来势汹汹、来者不善的感觉。特别是处理小孩在校纠纷，或者自己的孩子身体受到伤害，此时的沟通容易代入情绪。在我的工作经历中，我发现部分父母找班主任沟通的时候有几个需要注意的地方。第一个，"面不善"：表情有点难看；第二，"言不善"：说话的语气、语调不是那么亲切。其实，我觉得"面不善""言不善"都来自于"心不善"——没有心平气和地沟通，带着很强烈的、立刻要实现目的的急切心情。也许你不知道，当你的心一急，就会通过你的表情、你的语言反映出来。相由心生，说的就是这个道理。所以，不欢而散的沟通，很可能从你给班主任留下的第一印象就埋下伏笔了。

第二点，见面时，第一轮的沟通就是成功与否的关键。所谓第一轮的沟通，指的是父母和班主任的第一次见面时的第一次对话。注意：这里的两个"第一"是不一样的。大家好好回忆，第一次见面时第一轮对话的第一句，父母到底说了些什么？注意，这里有第三个"第一"。具体问：有没有礼貌性的问候？有没有表达对班主任的尊重？之前的课程中，我们一再强调注重礼仪，给人留下好印象，这是平等沟通的开始。所以，第一句话中你是否发出了真情的问候，是否表达了对班主任的尊重？这不是客套，这很重要。

再想想，第一次对话中，父母回应了些什么？什么叫回应呢？在第一次对话中，当班主任有疑问或者有需要父母回应的地方，你是否做出回应？你是怎么回应的？继续回忆自己当初的状态吧，比如：有的时候你是否对别人爱理不理的；你的回应是不是很任性，不大合理的话也说得理直气壮……这些回应也埋下了沟通不欢而散的伏笔。此外，第一次沟通中，你提出了什么要求？不可否认，确实有部分父母心情非常急，在第一次和班主任沟通时，就提出了许多的要求。或者说，提出的要求虽然不多，但是不够合理。

在梳理沟通细节的过程中，是不是找出很多问题，发现很多漏洞了？第一次见面的第一轮沟通，就决定了结果，你有没有想过一切的结果都是你自己埋下的种子？我想，如果你想到这一点，一定会有所改进，也会迎来更美满的结果。

第三，沟通过程中的种种表现造成不欢而散的结果。请大家回忆，在你跟班主任沟通的过程中，你是否有这三类表现：第一，爱听不听。当班主任跟你说话的时候，你表现出爱听不听的样子。第二，爱理不理。不但不听，而且表情上还给人一种不是很爱搭理人的态度。第三，爱答不答。别人跟你说，你不回应；别人问你话，你不回答。爱听不听、爱理不理、爱答不答，这三类都属于冷漠过头。

有的时候，沟通时的冲突并没有那么明显，更应该注意的是沟通中隐藏的问题。换一种角度想：你有没有强势过头呢？如果有，你再看看这是不是你真实的样子：第一，你有没有不断地抢话？事事都是你在说，每一轮沟通时，你都一直在说。这样的表现是否不太妥当呢？第二，你有没有试图以声调压人？你跟班主任沟通的时候，有没有用声音压住对方，强制对方听你说话。用高声压着说，你说话的时候是很凶狠的。第三，你有没有从头到尾不吭一声或者一直说？整个沟通过程成了一个人的演说。注意，这一类属于强势过头。在沟通中不管是冷漠过头，还是强势过头，这两类表现都是造成沟通不欢而散的原因。

最后，在沟通即将结束的时候，你的一些举动或者小细节可能就导致了不欢而散的沟通结果。有的时候，一切都很顺利，但结尾时一不留神，就可能前功尽弃。比如：在和班主任沟通即将结束的时候，你既没有和班主任道别，也没有表达感谢。我们之前不断提醒各位父母：跟班主任沟通，表达我们的尊重和感恩是最基本的礼貌。和班主任沟通时没有基本的尊重和感恩，又怎么能达到好的沟通效果呢？

家长必须认识到，班主任是为了我们的孩子努力工作。所以，表示感恩、尊重，是基本的礼貌，我们一定要做到。在沟通即将结束的时候，不仅要注意礼仪，还要尽量给对方一些回旋的余地。比如：在整个沟通过程中，父母和班主任一起商量一件事，在结尾的时候，不要有一种"一定要拿出个方案"的意识。千万不要在结尾时，强硬地甩出一句话："来，按我说的办！"如果不给对方一些回旋的余地，那么沟通的最后势必不欢而散。

从本课开始，我们转向"失败的沟通"这个主要话题。这个话题虽然很沉重，但是必须面对。而且，面对这个话题后，说不定会有峰回路转、柳暗花明的惊喜。解决危机，就是迎接胜利。希望各位父母静下心来，好好看，回顾文字的同时，也回忆自己的过往事例，让自己的沟通能力不断趋于完美。

第 37 课
没大没小的沟通，谁受伤害

中国社会，非常讲究礼仪与长幼尊卑，最忌讳没大没小。没大没小，受到伤害的是沟通中所有的人。

和班主任沟通，本课的话题依然是面对失败，主要说的是没大没小的沟通，谁受伤害？什么叫"没大没小的沟通"？没大没小，专指那些不尊重对方，缺乏沟通应有的基本礼仪的情况。要明确这个问题，就会有人问："何老师，到底在沟通中谁大谁小啊？"这是个非常可爱的问题。沟通中有大小之分吗？我们强调的沟通，不就是平等的、民主的沟通吗？怎么要分大小呢？不用问，肯定没有大小之分。

如果没有，我们这一课说的话题就不存在了。如果有，那么就有等级区别，如何平等？别急，我们说的"大小"，是心里的一种定位，指的就是你在沟通中，心里懂不懂得要尊重别人。

认真阅读了前面文章的父母，一定都很明白尊重班主任的重要性。我在写书的准备过程中采访了一些班主任，他们告诉我，他们在与父母沟通的过程中，确实遇到过一些不被尊重的情况。尤其是年轻的班主任，他们比较容易遇到不被尊重的情况。各位父母，小孩进入小学，接手班级的经常是一些特别年轻或者刚刚走上工作岗位的教师。他们经验不足，处理问题不够老练，这一类的班主任在与父母沟通的过程中，多多少少会有不被尊重的经历。不过，也有一些老班主任告诉我："何老师，你知道吗？虽然说我这个年纪的老教师经常受人尊敬，但是，有的时候我感觉家长对我客气过头了。那种特别的客气，就是一种客套，让人不舒服。"注意第二点，要避免过于客气，这也属于"没大没小"。

对别人的尊重，应该足够真诚。不真诚，没大没小，就会伤害到他人。没大没小的沟通，到底伤害了谁呢？

如果你的行为真的不尊重别人，首先，这样的沟通会伤害了班主任的心。从我的采访中父母就可以明白，不论是哪一个年龄层的班主任，当他在沟通中不被对方尊重时，他的心里一定是非常难过的。特别是一些老班主任，即使快退休了，这些不愉快的经历他仍旧难以释怀。父母要想一想，班主任的工作为了什么？讲白了，就是为了你家小孩的发展。为了你的小孩，班主任尽心尽力地去工作，倘若沟通中还不被对方尊重，这是否会伤了班主任的心？

第二，其实这种沟通也伤了你自己的心。我想，这点是令大家意想不到的。人是非常敏感的，我们在沟通中会感觉到对方到底喜不喜欢我，开心不开心，有没有隔阂，有没有问题，有没有一些不良的情绪……注意，所有的情绪不仅发生在你身上，也发生在我身上，所以不愉快的沟通都会让自己的心情不愉快。然后，你还会把这种心情带回家，影响更多人。

特别需要注意的是第三点——没大没小的沟通会影响孩子。讲白了，父母不能与班主任良好地进行沟通，影响最大的是孩子，为什么？这种不良的沟通形式会被小孩学习、模仿。父母和班主任沟通时，小孩不在场，你以为就不会有影响？哪怕不在场，当你把情绪带回家，夫妻之间进行交流的时候，小朋友也在模仿，因为模仿是随时随地的，父母就是他的范本。现在，我们无形中为小孩提供了一个不良的范本，所以，小孩是受影响最大的那个人。从另外一个角度去看，当你和老师产生不良沟通的时候，老师无法顺利地接触小孩，无法深入地对你的小孩进行引导，无法时刻全心全意地去关注你的小孩。你看，这样带来的损伤是不是更大？所以，千万注意避免没大没小的沟通！

这里不断地讲到小孩其实是非常敏感的，他能够从生活中的各种细节，观察到周围的变化。父母是他最熟悉的人，小孩更能敏感地察觉到父母的变化。你千万不要以为今天回到家，你强忍怒火、强装镇静、强装欢笑，小朋友会看不出来。你的孩子对你的行为特别敏感，就像你对小孩的反应特别敏感一样，双方是相互的。所以，没大没小的沟通不仅伤了班主任的心，影响了自己家长的形象，更加伤害了小孩的心。让小孩的发展多了一份不安的因素。

我举一个印象特别深的例子，曾经有一个班主任告诉了我这样一个故事：有一个小孩几次举手都没有被老师叫到，回家以后就特别伤心，跟爸爸妈妈说："老师最近都不叫我了，怎么回事啊？"妈妈也很困惑，于是就去问老师："老师，为什么我家的宝贝上课举手你都没有叫他？"一问才知道，原来是之前爸爸跟老师沟通的时候，过于心急了。爸爸和班主任之间有过一次不是很愉快的沟通，这个爸爸要求老师："老师，你一定要为我孩子的发言做细致的点评，你一定要特别关注他，如果他举手发言，你最好多让他说一说，他不表达不痛快！"注意，提出了这样的要求，老师一听，一定在心里想："哎哟，我做不到啊！"做不到，但是又不好意思当面拒绝，所以，最后老师干脆当作没看见小孩举手。这就是一个很典型的案例。

　　当你跟老师沟通的时候，请务必做到平等、民主，请务必尊重他人，因为所有的沟通都是为了让父母跟老师之间形成一种教育子女的合力。教育的对象，是自家的小孩，形成合力，有利于孩子的健康发展！这样分析，是不是再也不敢没大没小了？有意思的是，当你心中没有了"大小"观念的时候，沟通就很自然了。为什么？心态变了，格局变了，效果当然也会有所变化。

第 38 课
片面武断的沟通，原因何在

要理解"片面武断"这四个字，我们先看几个沟通中常见的例子。个别父母跟班主任沟通时，一口咬定说："这件事，分明是别人家的小孩先动手！"很显然，发生纠纷了，父母来沟通时事先也做了调查，所以说话理直气壮，且不希望再听到第二种声音，直接咬定是别人家的孩子先动手。还有一种更常见的情况，很多家长会说："我的孩子无缘无故就被人打了！"相信大家对"无缘无故"这四个字十分熟悉，至少听起来不陌生，因为在小孩的解释中经常有这四个字。有的父母和班主任沟通，但是却非常不信任对方，一口咬定："老师，你看，都是你偏袒别人家的孩子，你喜欢他，你不喜欢我的小孩！"父母说这些话的时候，态度强硬，不容许对方说一个"不"字；还有的父母来沟通，也是信誓旦旦地说："老师，我非常了解自己的小孩，我的小孩特别优秀，我相信他绝对不会这样做！"你们发现了吗，在这几类沟通中，父母用的词都很接近，父母的主观意识都很强。在真正的沟通中，这样的例子并不少见，沟通的方式也令老师感到无奈。

在我走访的班主任中，经常说到这一类的沟通案例。这类沟通，就是我们这课和大家说的片面武断的沟通。失败的原因也就在"片面武断"四个字中。

那么，为什么有话不好好说，态度会如此强硬？到底原因何在？我们这课分析的目的，就是避免我们在和班主任的沟通中，出现此类情况。

第一点原因，父母和小孩缺乏沟通。父母和班主任的沟通，大多为了小孩。而父母虽然重视与班主任的沟通，却很容易忽视和小孩的沟通。有时，小孩在学校跟同伴只是发生了一些小的纠纷，或者说打架了吧，这些其实都是正常的。但小孩回到家里，爸妈一看："哎哟，宝贝你的脸怎么啦？说说看，今天到底怎么回事？"此时，小孩敏感地发现父母很在意这件事，于是谎言也就随之而生。父母发现小孩口中有个字，出现频率特别高，这个字就是"他"。小孩一讲话，都在说"他怎么样，他如何如何，他是这样做的"，很少讲到"我怎么样，我做了什么，我有什么问题"。这就是考验父母智慧的时候啦。如果父母比较片面地去听自家小孩说的话，你的心中也就留下许许多多个"他"，别人家的孩子，在这个时候就成了问题小孩。如果父母多想一想"一个巴掌拍不响"，这样就会避免判断变得片面武断了。所以，如果父母和班主任沟通的时候，一口咬定是别人家的孩子先动手，这种情况有可能是父母只听取了自家孩子的意见，对事情的真相了解得并不全面。

第二点原因，和自己的另一半沟通不够。在我们这本书中，所谓的另一半就是各自的配偶。不过，特殊情况下也指家里的老长辈。不与另一半沟通，或者与另一半沟通不够的情况就是"我一个人说了算"，不与家里其他监护人沟通。

　　父母之间，如果沟通不够充分，也会产生父母和老师沟通时片面武断的情况。再次和大家提及一篇课文，叫《"精彩极了"和"糟糕透了"》。这是一个非常典型的沟通案例——一个小孩写了一首诗，妈妈说："太棒了！太棒了！"可同样面对一首诗，爸爸说："哎呀，太糟了！太糟了！这诗有问题！"父母围绕着一首诗做出了相反的评价，神奇的是，这个小孩在汲取了两种力量后成长了、进步了。也许你会觉得：这对父母都很片面武断啊，自说自话，互相矛盾。但我相信，故事中的父亲和母亲是经过沟通的。他们要让孩子明白，成长过程中既要有一种力量叫"精彩极了"，还要有一种力量叫"糟糕透了"，要让小孩自己发现问题，自己找到进步的方法。这两位家长是极具智慧的。也就是说，在适当的沟通之后，对于孩子可以有更多样化的判断。当然，也有人说这对父母争论的结果是随机的。我们分析案例的原因，就是要知道今后遇到相同的问题该如何处理，父母应该怎样配合才能让孩子有所进步。

　　回过头来看，在我们的生活中，父亲和母亲之间的沟通，够不够？还是说你们两个人根本就不沟通，总是说"让你爸做主"？注意，凡事让一个人做主，当然可以，但是这个人做出判断时要非常冷静、全面、公正客观。与其这样孤注一掷，不如让双方都参与话题的讨论。

　　我们再举个例子：有一个小朋友跟我说她非常希望能养一只宠物狗，但是妈妈非常反对。妈妈知道家里养了宠物狗，小孩做不了全部的卫生，每天遛狗的任务也未必能完成，只是有空时去和小狗玩一玩，也影响学习。更重要的是，养狗后的工作量，最终会叠加在父母身上，特别是妈妈身上。但是爸爸同意养狗，他认为养狗不就是陪伴孩子的童年吗？养狗特别有童趣，还可以培养小孩的爱心。你们看，虽然爸爸讲得特别好，但是爸爸不负责家中的卫生。此刻，妈妈、爸爸对一件事情产生了两种不同的意见。庆幸的是，父母经过沟通之后，没有各执己见，而是充分考虑对方的意见，然后做出决定："宝贝，养狗嘛，现在暂时不合适。我们家不是住别墅，我们家住单元房。狗的卫生很难处理，不仅会影响我们的生活和工作，也会影响邻居。如果喜欢饲养动物，我们可以养蚕，养龟，养其他的一些小动物，甚至养只小仓鼠。"看，和另一半认真沟通，你会得到非常圆满的结果，至少你的判断不会变得片面武断，不会让人感觉你是不能商量的。

　　第三点原因，片面武断的沟通源于跟班主任的沟通不够。在走访中，我们发现有的父母去找老师沟通，却根本不听老师讲什么。老师说的，他不听、不信；老师描述的，他也不理会、不理解。讲白了，这样的父母根本就不是来沟通的，只是来表态，来发泄情绪的。这个时候你的意见是片面武断的，当然不能采纳。如果偏听偏信，就会造成不良的沟通后果。所以，各位父母，片面武断的沟通，并不是无根之水、无本之木，一切都和你有关。

　　总结一下，片面武断的沟通，来源于你和小孩的沟通不够，和另一半的沟通不够，和老师的沟通不够。讲白了，就是你不曾真正地沟通！因为，真正的沟通是通畅的信息往来，是双方平等的交流，是从语言的相通到心灵的相通。你问问自己：当你一口咬定一个结果的时候，你是不是已经走向片面武断的困境了呢？在这种心态下去沟通，你是否真正进入过沟通的状态呢？好的，相信你心里已经有结果了。

　　如果还是没有，那么请你继续思考。思考就是和片面武断说再见的法宝。

第 39 课
父母一方沟通失败，该怎么办

到底是让父亲去沟通好还是母亲去沟通好？这真的很难说。在南方地区，妈妈经常"主持家政"。在北方，我也不知道家庭氛围是不是以"父亲为大"。我的调研更多集中在南方地区，因此，不敢轻易做出判断。但我身边的父母，真的要选择一个人去沟通的话，"母亲出马，一个顶俩"。

为什么和大家说这些呢？本课的话题与此有关。本课和大家说的是：父母一方沟通失败，另一方该做些什么？这里，有必要先跟大家说清楚：什么叫失败？

我们说的沟通"失败"指的就是沟通后，出现"不欢而散"的结果。双方沟通后，关系不但没有改善，而且变得更加僵化。还有一种情况并不能算是"失败"，那就是未达成沟通目的。为什么？因为我们强调父母和老师沟通，不应该是"奔着目标去"的。虽然沟通的目的是存在的，但不能功利心太重，不能期待一次搞定。一次不行，可以两次、三次。没有达成目的的言下之意是让你继续沟通，不是失败。

接下来重点强调：父母一方沟通失败，那么另一方该做什么呢？

首先，失败的这一方要把沟通失败的结果告知另一方。一位家长去沟通，和班主任之间产生误会，千万不能隐藏，因为藏也藏不住。而且，这一位家长把这个情况隐藏了，另一位家长再出面沟通，由于信息闭塞，有可能导致另一方的沟通也失败。所以，在让另一位沟通之前，首先要让其了解全部的信息，"信息畅通"在沟通中是非常重要的。

之后该做什么呢？之后，双方该沟通了，也就是爸爸、妈妈两人，结合"失败"的沟通经历好好聊聊。聊的时候，也有步骤。第一步，先了解，了解当时的情况。由沟通失败的那一方介绍当时的情况，越具体越好，不要总是说自己是如何说的，多介绍老师当时是如何表态，有何反应的；第二，了解失败的原因，由沟通失败的那一方说一说，为什么会沟通失败，把原因讲清楚。这里的原因当然是自己的想法、分析。参与沟通的一方还可以好好回忆：沟通的时候，你到底是怎么想的？怎么操作的？是哪个关键环节，导致沟通失败。我们提醒大家：失败并不可怕，可怕的是失败之后你还不知道为什么失败，无知才可怕。失败之后最好的方法就是，找出失败的关键要点。这是第一步，了解——双方沟通，把情况搞清楚。

第二步，换位思考。沟通中不欢而散，父母不快乐，班主任也生气了。更糟糕的是，未来还有那么长，双方关系那么僵，今后怎么办？不着急，我们换一个角度去思考，先把自己这一方放一放，想一想：作为班主任，他纠结的点究竟在哪里？到底是什么原因让老师与家长之间从合作变成了意见分歧？从双赢走向双离？我们一定要记住：父母与班主任沟通，初衷都是为了孩子好，沟通不就是形成教育合力吗？不都是为了自己家小孩的成长吗？而如今，这种关系怎么会在沟通过后从合作转变为意见分歧了呢？

我们猜测有这几个原因：第一，你的态度、礼仪不够到位。这个我们在这本书的多个章节中不断强调。第二，你是否在沟通中提出了一些过分的要求？别人做不到，你还一直强调。第三，你的沟通表达方式，本身有没有存在问题？表达方式不对，有的时候沟通内容再好也不会达到预想的沟通效果。汉语的表意很复杂，用文字表述而产生误解，这样的情况很多。第四，你在沟通时有没有一些特殊的习惯，或者一些特殊的行为导致对方不够愉快，例如：抖腿、打嗝、吐痰。最后一点，有没有一些很特别的事件造成了沟通的失败。这一点，举个比较好理解的例子：曾经有一位家长，跟老师沟通的时候不断地抱怨胖孩子这里不好、那里不好："胖孩子行动不方便，胖孩子智力也不高，胖孩子也不是很惹人喜爱，胖孩子不好看……"家长不断地跟老师说他讨厌胖孩子，可是这个家长根本就不知道，这个老师自己的孩子就是个胖孩子。因为这个事件，双方最后不欢而散，到最后家长还不知道是为什么。后来，经过一段时间打听才知道，心里那个后悔啊！太武断，不了解对方的情况，就胡乱说，当然会导致沟通失败。

如果真的遭遇了沟通失败，我们给大家提几个挽回建议：

第一，缓和一段时间再沟通。在时间上给自己一个回旋的余地，也给班主任一个思考的时间，时间会解决问题，就这么神奇。越想立刻解决，就越解决不了。第二，我们可以换一种方式再沟通。比如说我们之前面对面交谈的沟通方式失败了，现在我们用文字对话的形式来沟通，也许沟通会更加细腻、表达更加清晰呢？也许光是你俊秀的字体就会弥补我们语言表达中的一些问题呢。第三，找准合适的机会，我们再沟通。比如说刚才那个关于胖孩子的事件，下一次，找准一个机会，把这事情给圆一圆，试试看重新表达一下对"健康人生"的认识——各美其美，美美与共。第四，我们可以请出一个特殊的人来帮助沟通，这种人简称"和事佬"，我们可以请出一些和事佬来沟通。有的时候，解决问题用老办法还真管用。这不是所谓的"俗套"，而是传统文化在生活中的合理运用。

总之，一方沟通失败，应该是由另一方用特殊的方式去弥补。当然，这一方愿意再次出马，也未尝不可，但最好还是更换一下，找准机会和班主任再次沟通。

第 40 课
和事佬代为沟通，有用吗

上一课，我们就提到了一个重要人物——和事佬。

本课说的是：当父母一方沟通失败的时候，请出和事佬来帮忙沟通，有用吗？在之前章节中，我们说过"沟通不要绕圈子，请人代为沟通，不合适"。如此说来，本课，似乎没有写的必要了。

如果情况有变，我们的沟通方式也应该做出适当的调整，这才是沟通。我们不是根据"条例"去执行任务的机器人，我们是活的人、是在情境中的人、是和他人互动中的人，所以，没有一条"规矩"是僵化的。适当调整，可以让沟通进入了一个新的阶段。

首先，我们还是坚持之前的观点：沟通失败时，请和事佬来帮忙，未必都有用。有这几种情况，一定是没用的：第一，你太急着请一个和事佬出面，好像自己失败了，马上就要扭转，要成功。第二种情况，你请了一个和事佬，此人真的还不错，但是你自己不愿意出面，希望全部由别人代为解决。你和老师之间的问题，却要让别人来做，这当然也没有用。第三种，好不容易找了个和事佬，但这个人并不合适。有的和事佬处事十分油滑，有的自以为是，有的就只会说漂亮话，这些都不是我们和班主任沟通之中合适的"和事佬"，自然没有用。

即便这三种情况都没用，但依然不能判断请和事佬是没有用的。有的时候，和事佬真的可以帮上忙。在中国，自古以来沟通失败后请和事佬来帮忙就是我们的沟通特色。所以，这是个值得专门用一课来解释的有趣话题。

找一个和事佬，也就是找个"第三方"，最先遇到的问题是：该找个什么样的人呢？我们建议找老师的好朋友当和事佬，或者说再找一个老师。同行最了解同行。当然，如果这个和事佬既是老师的同行，又是老师的好友，那这样的人担任第三方，绝对是首选。人找对了，沟通就成功了一半。第二，找个性格开朗的好朋友也是不错的选择。在自己这么多朋友中，选一个人让他从第三方进行辅助沟通，这位朋友的性格特别重要。举个例子大家就更能明白：我就常常被人叫去当这个和事佬，充当这个"第三方"。为什么呢？我有这几个特点可以供大家参考。第一点，我的性格非常开朗，遇到事情不生气，比较喜欢与人交往，开朗的人天生比较适合当和事佬；第二点，我的朋友比较多。有的时候一些家长说："何老师，你跟陈老师熟不熟？"这话一出来，我就知道："你是不是跟陈老师有一点小小的误会？"他说："是，可以请你帮忙吗？"我说："没问题，陈老师是我的朋友。"还有一个关键要素是什么呢？关键要素是我本身比较喜欢表达。在各种沟通的场合中，我比较喜欢主动与人交往、主动去表达，表达时我的话语比较幽默，所以我比较适合去缓和气氛。所以，这样的人比较适合当和事佬。

我们刚才已经讲到和事佬是需要选择的，接下来要讨论的是，和事佬的沟通，该注意些什么呢？第一，请第三方帮忙沟通时，大家要形成团队，最好都要去。所谓的"大家"就是指曾经跟班主任闹得不愉快的那一方。家庭中的父母双方，最好都要去，当然，还要带上和事佬。千万不要让第三方自己独自去！讲白了，仅仅让第三方独自去和老师沟通，这本身就是很不礼貌的行为。这是第一点，切记，沟通时都要去。第二，沟通时应该谁先说呢？我们建议大家还应该由父母先说。明确的建议是，由之前闹得有点不开心的这一方先说，说什么呢？表达我们的诚意。这一点大家可能会觉得这不就是道歉吗？不妨想一想：我们不就是沟通失败了吗？不就是有一些小小的不愉快了吗？不就是造成双方的误解了吗？在这个大前提下，我们再想到老师的出发点就可以明白，原本都是为了帮助我们家的小孩进步。在这个前提下，我们坦诚相待，表达出我们的诚意，难道有什么不可以吗？更何况我们先开口说话，就是表示："老师，你看我又一次主动来找你沟通了。"第三条，在沟通过程中，希望我们请出的和事佬要主动地穿插进来说话。注意，我们这套课程中很少提到一个词"穿插"。在父母和班主任沟通的过程中，和事佬不是主动说话的一方，也不是一直听话的一方，而是要穿插在其间去说的，这个定位要搞清楚。老师在说的时候，和事佬要注意听，听就是为了更好地理解老师的话，再把老师的话解释给父母，让父母也理解。这个解释，可以更多站在老师的立场上，这才能起到"和"的作用。父母说的时候，和事佬也要认真听，听完之后代表父母再向老师补充说明。这就是穿插。当然，和事佬自己还可以说，说一些双方都能够接受的话，比如：谈一谈教育的目标，说说未来的合作，再说说人与人沟通中难免存在问题，劝大家都不要放在心上……和事佬就是在双方沟通中以穿插表达的方式，把双方关系从僵化调解到缓和，推动家校关系的发展。

但有一种情况我们必须说明：有时候父母和老师之间的问题出在老师一方。之前我们一直都是把责任揽在父母一方，但有时也有可能老师的问题比较大，有可能我们遇到的老师脾气确实比较急，跟家长沟通的时候并没有多少耐心。还有一种可能，老师太年轻气盛，又经验不足，产生问题的关键就是班主任。这个时候，该怎么办？和事佬出面，多给老师一个台阶下，多一些谅解，多一些宽容，自然会有满意的结果。毕竟老师是"一对多"的格局，可以谅解。同时，老师也需要成长，成长中需要父母给予更多关心。当面沟通后，和事佬也可以私下再和老师聊聊，父母也可以发些信息多给予安慰。

沟通并不是在计算输赢，沟通并不是在较量胜败，沟通就是为了双方能够更加民主、平等、顺畅地合作。既然如此，有和事佬与没有和事佬，我们都要把握一个原则"以和为贵"。

第 41 课
最失败的，是不沟通

在这本书即将结束之前，我们可以说说"狠话"。本课说的是，什么样的沟通是最失败的沟通？

最失败的沟通，就是不沟通。也许你会不同意——没有沟通了，怎么会失败呢？这个问题并不是简单想就能够想通的。

本课就和各位父母聊聊：为什么说最失败的，就是不沟通。

既然是本书的尾声，不妨回顾这本书中我们提出的一些观点。我们跟大家说了好多和沟通有关的话题，例如：如何以不同的形式来沟通；在沟通中我们如何处理纠纷；如何向班主任提出我们的要求；如何通过沟通成为朋友；在沟通即将失败的时候如何去挽救……说了这么多的话题，我们意外地发现：在沟通中，即使出现再多的问题，也没有什么好害怕的。只要沟通还存在，父母和班主任之间的关系就一定有所发展、会改善，我们最终都会成为好朋友的。沟通，不就是让双方的关系向美好的方向发展吗？所以，在这个前提下，我们会认识到：最大的失败，应该就是父母拒绝和班主任沟通。

看到以上这句，各位父母会不会发笑呢？会不会认为这样的情况根本不可能发生呢？在现实中，这种情况有没有呢？根据我的调研，这类的情况不仅存在，而且还是常见现象。很多父母直到小孩毕业了，都未曾和老师有过一次的私人沟通，还有的父母，连一次家长会都没有参加过。当然，这个时代有不少地区要求老师要对每个家庭进行家访，还有父母听说老师来家访时一味推脱、拒绝……好吧，家家有本难念的经。我们理解特殊情况存在的合理性。如果是在正常情况下，你还这样拒绝，是不是很糟糕呢？父母不和班主任沟通，小孩的发展谁来规划，谁来辅导，谁来助力？不为自己想，也要为小孩想想。

假如你真的从来不主动找老师沟通，连一次沟通经验都没有。如果真有那么一天，老师到你家来家访。见完这一次，你的小孩可能就要毕业了。这个时候，你有多尴尬？所以，我们再次强调，最失败的情况，就是都不沟通。

也许你暂时还是不能认可这个观点，都不去沟通了，还有问题啊？确实有很大的问题。

第一，父母与班主任双方要通过沟通而达成共识。什么共识呢？这个共识只有一个目标，就是让你的子女朝着更加科学、更加全面、更加美满的方向去发展。这个共识要双方在沟通中达成，要形成教育合力。反过来看，如果爸妈都不找老师沟通，那不是没有形成合力的机会吗？爸妈做爸妈的，老师做老师的，双方各干各的，出现这样的情况是最不合适的。我听过这样一个故事：河底有一个百宝箱，梭子蟹把它往这边拉，小鱼往那边拉，小虾往另一个方向拉……大家都想拖动这个百宝箱，但是力气不往一处使，最后这个百宝箱纹丝不动。

父母不与班主任沟通，就很难达成共识，这是其一。光是这个情况的杀伤力就已经很大了。

其二，父母如果真的不与班主任沟通，双方之间无法形成默契。什么叫默契？默契就是心照不宣。第二点要关注的和第一点关注的相比，层次明显更高了。默契，就是让孩子的发展变得更轻松，让父母与老师之间的合作变得更快乐。不要小看这些轻松、快乐、心照不宣、心有灵犀等美好的感觉。记住，幸福不会自己来敲门，只有经过沟通后才能实现。你若不沟通或者沟通的频率特别少，怎么可能形成默契呢？即便双方因为必然存在的家校关系而有所合作，无沟通的合作也是非常生硬的。所以，我们在这本书即将结束时，衷心地提醒各位父母，请务必主动地找班主任沟通，哪怕你的性格是相对内向的。

很抱歉地说，我们在写书前的调研与采访中，也听到一些家长这样说："这有什么了不起！我就是从来不与老师沟通，我的孩子一样发展。"这样的家长确实存在，这样的小孩也真的有。做个推想，父母可能生了两个小孩，第一个小孩的学习路上，他们都不跟老师沟通，所以第二个孩子即将读书了，他们也走老路，想当然地不和老师沟通。其实这个问题，大家可以这样去想：原本，你的小孩可以发展得更好，通过沟通他可能有更多的发展机会。现在，你拒绝了沟通，让孩子错失了更多的发展机会，只发展到一定的程度。原本通过沟通你可以给小孩做一些示范的，让小孩在模仿中成长的，如今小孩什么都没有学到，只是身体发育了而已。假如，他看到爸爸妈妈主动和老师沟通，他还发现沟通可以解决问题，他会在这个示范中学到一点的东西，这该有多好啊。

现在，你还强调不跟老师沟通吗？你还敢这样吗？

第三个更重要，父母和老师沟通更有利于小孩学习如何与人交往。未来的世界一个人是很难成功的；未来，小孩不仅要学会学习，还要学会交往，学会合作。这些能力都可以通过与人沟通的方式来获得成长。而现在父母没有给孩子做这么一种与人沟通的示范，断绝了这种机会的出现，你说是不是会让小孩的发展受到一定阻碍呢？父母不与老师沟通，实际上是培养孩子过程最大的冒险。在我们看来，简直就是孤注一掷，铤而走险了。

最后，我们跟大家做一个总结和梳理：从礼节上来说，父母需要和老师沟通；从孩子的发展上来看，父母也需要和老师沟通；从未来世界、未来社会的适应性上来看，父母为了孩子能与他人合作与交往，能不能以身作则和老师主动沟通，给孩子做出一个优秀的示范呢？

我们不断呼吁，就是为了让那些还没有沟通经历的父母能引以为鉴，阅读此书之后，立刻开始一次沟通吧。沟通，是孩子成长过程中必不可少的关键要素，我们怎么能不做呢？

第 42 课
毕业了,我们还要保持沟通哦

终于来到本书的最后一课。一看标题你就知道,毕业了,话题到此该告一段落了。

一句话概括本课也可以,记住这句话就够了:毕业了,我们还要保持沟通哦。

如果各位父母还有几分耐心,请看完这最后的一节吧,也许在你最熟悉的地方还有风景,也许,毕业后我们还会再相逢。

各位亲爱的父母,沟通无时限,这是我们这本书希望和大家传递的信息,也是在您即将合上书本时,出现在眼前的一句话。

沟通,真的没有时间限制。在班主任在任期间,父母与其沟通,从一个角度来看"应需"的成分很大。为了我们小孩的发展,父母和班主任通过沟通形成教育合力,不仅解决子女在校期间各种各样的问题,还有助于他的全面成长。同时通过不断地沟通,父母和班主任之间也培养了互信的友谊……这一切都发生在班主任在任期间。

换任之后,所谓"换任"就是孩子升级了,或者是孩子毕业了。我们依然可以保持与班主任之间的沟通，这时的沟通可以视为一种友情的延续。毕竟，人生多一个朋友，多一份好事，多一份机遇。毕业之后，我们在这世上还会和班主任相逢，为什么不保持与班主任的沟通呢？当然，从班主任在任期间，一下子转化到小孩毕业离开学校了，看上去我们和班主任沟通的机会变得更少了，这个时候如何沟通是个问题。之前每天接送小孩的时候，遇到班主任的机会还是很大的，沟通还是可以随时随刻进行的。现在毕业了，我们也不在这个学校范围内接送小孩了，而且毕业之后小孩就读新的学校，我们还有新的沟通任务。我在写书的调研中发现，毕业后很长的一段时间里，不少父母会忽略和班主任的沟通。

我们提醒各位父母：小孩毕业了，请务必记住保持与班主任之间的沟通，定期或者不定期都可以。有情的人才会有义，有情有义是用沟通维系的。所以，定期或者不定期保持沟通，是比较好的维系情感的方式。

毕业时，沟通的对象、环境都出现变化，跟原任班主任间的沟通维系，我们有以下几个建议：

第一，你可以用不同的方式来沟通，比如：更快捷地用微信互动。

第二，你还可以在不同的时间来保持沟通，比如春节的时候，比如其他的一些节庆、纪念日、生日。

第三，你还可以定期地将子女的发展情况及时地向老师汇报，以此保持沟通。例如，你可以和老师发信息：我的孩子现在中学，考试成绩是这样的；老师请注意啦，我的孩子考上了这样一所高中；老师你知道吗？我的孩子读大学啦……在我的班主任工作经历中，常常会遇到小朋友们传来喜讯："老师我考上清华啦！""老师，我已经读博士了！""老师，我做了父母啦！"甚至有的时候，我的学生会把她的孩子带到我家里来拜访。有的时候，我的学生也成了老师，成了我的同行，他会来向我学习。这时，他和我沟通时会说："老师，我跟你现在已经是一个行业中的战友啦！"你瞧，这些都是沟通的延续。

此外，我们还建议定期组织一些专门的聚会来保持沟通。比如，在孩子毕业几年后，我们可以举办学生联谊会，表达家长和老师之间、学生与老师之间浓浓的情感。再相逢的时候，所有曾经的沟通都将化为美好的回忆，都将转化为父母和老师之间永远的人生情谊。所以我们建议大家：读一个学校，我们要交一群朋友，要增一点人气，要时时刻刻记住用良好的沟通给自己和孩子的生活带来美好的改变。

好的，这本书要和大家说的话全部说完了。

和班主任沟通，是一门技术，更是一门艺术。我是何捷，一个在一线战斗过二十多年的班主任。衷心感谢大家阅读这本书，祝大家沟通顺畅，沟通快乐！